EL JESÚS QUE NUNCA ME PRESENTARON

יֵשׁוּעַ

JESÚS M. TORRES JR.

JIMZFRE
EDITORIAL

EL JESÚS QUE NUNCA ME PRESENTARON
JESÚS M. TORRES JR.

OKLAHOMA
ESTADOS UNIDOS DE AMÉRICA
73008

PRIMERA EDICIÓN, SEPTIEMBRE 2024

IMPRESIÓN Y ENCUADERNACIÓN, JIMZFRE EDITORIAL

DISEÑADO POR, JIMZFRE EDITORIAL
© JIMZFRE EDITORIAL

SOBRE EL AUTOR

Jesús M. Torres Jr.

Jesús M. Torres Jr. es un mentor espiritual y Doctor en Psicología Pastoral, reconocido por su enfoque innovador que fusiona la sabiduría ancestral con los principios de la psicología moderna y la neurociencia. Su misión es ofrecer un camino integral y transformador, guiando a las personas hacia una comprensión más profunda de sí mismas y del universo que las rodea.

Como maestro de secretos de la Torá, Jesús Torres Jr. revela las profundidades de la espiritualidad hebrea a través de su escuela, que ofrece un diplomado en Espiritualidad Hebrea, disponible en su canal de YouTube (Dr. Jesús Torres Jr.). Esta plataforma educativa se ha convertido en una puerta de acceso para aquellos que buscan descubrir los misterios del alma desde una perspectiva mística y espiritual.

Especializado en la interpretación de sueños, combina el psicoanálisis, la neurociencia y la espiritualidad hebrea para desentrañar los mensajes ocultos en el subconsciente, ayudando a las personas a descubrir patrones de vida y desbloquear su potencial espiritual.

Además, su enfoque en la Biodescodificación aborda las raíces emocionales y espirituales de las dolencias físicas, ofreciendo una sanación integral que no solo ilumina el intelecto, sino también transforma el alma.

Se considera a sí mismo un eterno aprendiz, siempre dispuesto a compartir lo que se le permite aprender. Ahora, como escritor, Jesús Torres Jr. está ampliando su misión de compartir el conocimiento acumulado a lo largo de los años, inspirando a una nueva generación a explorar los misterios del alma y abrazar un viaje de crecimiento personal y espiritual auténtico.

DEDICATORIA

A mis amadas hijas, Melanie y Yadimar Torres, y a mis queridos nietos, Alaiya y Azael Martínez Torres.

En estas páginas quiero dejar reflejado no solo los secretos de Torá en el alma humana, sino también mi profunda gratitud por el privilegio de tenerlos en mi vida. Todo lo que hago en este breve espacio temporal es una respuesta a la misión que me ha sido encomendada, y cada paso lo doy con ustedes en mi mente y corazón. Me siento el hombre más afortunado por haber sido reconocido por su sangre como su padre y abuelo.

El legado de un padre no radica en lo material, sino en las verdades espirituales que trascienden el tiempo. Mi mayor regalo es poder dejarles algo que perdure más allá de lo físico, algo que viva en sus corazones y almas. Mientras las cosas a este lado de la Eternidad cambian y desaparecen, lo que se encuentra aquí es eterno, y deseo que lo reciban como una chispa del diseño divino que siempre los guiará.

Este libro no es solo un conjunto de palabras, es un fragmento de mi alma, una energía que vive en mí y que ahora les pertenece, porque les hago conscientes. Un pedazo de eternidad que espero resuene en ustedes, dejándoles una huella que nunca se borre. Soy yo, el afortunado de poder ofrecerles este trabajo, que más allá de ser una herencia, es un acto de amor eterno hacia ustedes.

El Padre de las luces, en su inmensa bondad, me ha concedido la bendición de tenerlos como gran parte de mi vida. Es un honor y un privilegio indescriptible ser su padre y abuelo. Mi mayor alegría es saber que a través de este trabajo puedo compartirles lo mejor de mí. Mi oración es que las enseñanzas aquí contenidas no solo les iluminen, sino que les recuerden siempre que mi amor por ustedes es profundo y eterno. Papi los ama con un amor inquebrantable, más allá de todo límite, un amor que trasciende el tiempo y el espacio.

Siempre recuerden que en su alma hebrea está la mente superior, ustedes nunca busquen "ser alguién" porque simplemente ya son. Shalom!

AGRADECIMIENTOS

A esa familia de almas que no necesita ser mencionada con nombres, pues en lo profundo de nuestro contrato divino ya estábamos destinados a encontrarnos en este viaje de la experiencia humana. Nos cruzamos no por casualidad, sino por la profunda verdad de que nuestras almas han decidido caminar juntas, creciendo y aprendiendo en cada paso compartido.

Agradezco con el corazón pleno a cada uno de ustedes, quienes forman parte de mi historia en este lado de la eternidad. Honro su presencia, su amor, y su apoyo incondicional. Cada gesto, cada palabra, ha dejado una huella imborrable en mi alma, y por ello, mi gratitud es infinita.

Es mi más sincero deseo y misión de vida devolverles, de alguna forma, todo lo que me han brindado. Que aquellos que se crucen en mi camino encuentren alivio, y que sus almas respiren más livianas, más plenas, gracias al simple acto de compartir nuestra existencia en este espacio y tiempo.

ÍNDICE

PRÓLOGOS

Para complementar la visión presentada en este libro, invité a varios colegas a reaccionar desde sus diferentes enfoques interpretativos. Sus reacciones, que respeto y valoro, han aportado una dimensión adicional de reflexión y diálogo, ofreciendo al lector una riqueza de perspectivas que enriquece la obra."

Este libro cambiará totalmente tu manera de pensar y podrás ver una gran diferencia entre el Jesús que nos presentó la religión, al Yeshua de Nazareth que nos presenta El maestro Jesús Torres Jr nos despierta a la espiritualidad te lleva a conocer más profundamente a nuestro creador. Expreso mi mayor gratitud al Eterno por haber conocido al maestro el Dr Jesús Torres Jr (mi mentor, pastor y Padre Espiritual) por enseñarme secretos y perlas de Torah y poder conocer a Yeshua de Nazareth desde su esencia y identidad. Este libro será una joya en tus manos que transformará tu manera de pensar. Te amamos (papá de pacto).

MPPV Pastores Álvaro y Patty Berrones.

"Las líneas de esta obra literaria en definitivo son como pasear en tren no quieres bajarte en las estaciones, sino que deseas seguir contemplando las maravillas de los paisajes a tu alrededor.

Después de leer el libro de mi amigo el maestro Jesús Torres, vi a Yeshúa de una manera que no había conocido antes, lo que establece en las líneas de su libro es como un viaje al alma hebrea y así conocer el mashiaj que está en nosotros.

Entender al Yeshua hebreo me revelo una dimensión no conocida donde nos propone una transformación en nuestra consciencia, comprender los principios de la vida de Yeshúa en un sentido metafísico me ayudo a sacarlo de lo literal y tomar los códigos que desbloquean mi esencia hebrea.

Permite a tu alma experimentar una metamorfosis, deja que los secretos aquí revelados te ayuden a vivir en un nuevo estado de mentalidad, estoy seguro de que esta será la oportunidad que necesitas para ir al siguiente nivel y manifestar en ti un campeón.

Mi más grande aprecio para mi amigo por compartir su visión sobre Yeshúa el Hebreo que es tan necesario conocer en nuestros días."

Profeta Bryan Cubillan

Caracas – Venezuela

¿Estás listo para ser desafiado? "El Jesús que nunca me presentaron" es una obra maestra que expone diversos conceptos interpretativos y exegéticos de la persona de Jesús de Nazaret, cuyo nombre hebreo es Yeshúa.

Este libro desafía a aquellos que han sido moldeados por una visión religiosa y paradigmática sobre la figura e identidad del Mesías, las cuales han sido debatidas durante siglos. Algunas tradiciones lo reconocen como Dios encarnado o la segunda persona de la Trinidad; sin embargo, esta obra no pretende imponer a la fuerza una visión específica sobre la identidad de Yeshúa. En lugar de eso, nos invita a un viaje a través del tiempo, explorando la historia, la cultura y los diversos pensamientos filosóficos en torno a Jesús para que, de esta manera, podamos formular nuestras propias conclusiones.

"El Jesús que nunca me presentaron" te guiará a conocer la identidad y la personalidad de Yeshúa en un nivel de entendimiento ascendente y dimensional; un nivel que trasciende la superficialidad. Como pastor y estudioso de las Sagradas Escrituras, respaldo este importante trabajo de mi amigo el Dr. Jesús Torres Jr. Espero que cada línea de este libro edifique y eleve el nivel de conciencia de todo aquel que lo lea.

"El Jesús que nunca me presentaron" se presenta en este gran escenario para que puedas reconocer y honrar su incomparable legado, el cual ha transformado generaciones por más de dos mil años.

Yahfet Malavé Hernández

Fundador y Pastor General de la Comunidad de Fe:
Bereshit Cidra, Puerto Rico.

Al leer la idea general de este proyecto, quedo convencido de que el contenido de este libro es de alto valor y por tanto una herramienta que ayudará al desarrollo de la espiritualidad práctica en el hombre. La forma en la que los conceptos alquimicos y arquetípicos son usados a través de las ideas subjetivas y objetivas del texto para develar el viaje de evolución integral del hombre es fascinante.

La presentación del arquetipo de la cruz como puerta dimensional que solo será atravesada al encontrar el equilibrio oculto en el desequilibrio es de hecho muy interesante, sobre todo considerando la idea del Golgota como cerebro espiritual; Esto nos permite conectar con una verdad y es que el texto bíblico es arquetípico y esconde el mapa en claves para a través de la interacción con el Yo superior e inferior, desde el cuerpo físico alcanzar los más altos niveles de percepción y dimensionamiento.

Me quedo con esta porción del texto "Jesús más que mesías, Jesús es una conciencia mesiánica." Esta declaración deja ver la intención del texto de guiar en un viaje donde el todo es percibido a través de símbolos que permitan al hombre redimirse a sí mismo de la ignorancia que le condena a un estado infernal, donde permanece errante y disociado de su verdadera esencia. Además que en mi experiencia, la conexión del texto con las realidades neurologicas del ser humano, permiten y de hecho realzan el llamado a vivir una espiritualidad práctica e integral donde lo científico y lo esotérico vayan de la mano.

Excelente.

Maestro Andoni Weir Panamá

Definitivamente despues de leer el libro de mi amigo y hermano, el Doctor Jesus Torres Jr., tengo que decir que escribir un libro como lo es "El Jesus Que Nunca Me Presentaron" es como develar los secretos mas profundos que hay escondidos en el Jesus hebreo. Es como incursionar en un mundo nuevo y en un Jesus que no ha sido descubierto por muchos. Pero llego la hora, y ya es el tiempo de revelar el Jesus que nunca me presentaron. Felicito y doy gracias a nuestro amigo por ser la vasija que se derramó en esta gran obra maestra cuyos conocimientos y entendimjentos cambiarán tu vida, te darán luz, paz, y una felicidad indescriptible como ha sucedido conmigo. Recomiendo la lectura de este libro a todo aquel que quiera expandir su conocimiento del Jesus que nunca nos presentaron.

Agradecida con el honor,
Pastora Elizabeth Ortiz Puerto Rico.

"Leer los escritos del Dr Jesus Torres desafía este presente y te ubica en el contexto de Yahshua en medio de la problemática del alma en la multiplicidad de creencias y búsqueda de la verdad a verlo desde otro ángulo a partir del secreto. La crítica precisa sin llegar a caricaturizar lo escrito del Brit Hadasha (nuevo pacto), sino ubicar el verdadero engranaje para colocar a Jesús en tu alma de una manera correcta y amplia en el uso de la sabiduría al estilo de los mejores rabinos que enseñan con ciencia. Este es un libro que te abre el panorama; no solo historico, sino también en el plano científico. Lo volvería a leer una y mil veces."

Shalom.

Maestro Farid Martínez Colombia

"Este es el tipo de lectura transformadora, donde el autor no solo ofrece una profunda sabiduría, sino también donde tu alma se conecta automáticamente con el creador... me deja una profunda sensación de asombro, al contemplar y reflexionar en torno a la figura de Jesús, gracias amigo Jesús Torres por estas perlas que atesoro en mi corazón"

Pastor Moisés Torres Chile.

Jesús M. Torres Jr.

Al leer este escrito, pude transportarme a una experiencia del alma donde visualicé a un Jesús que nunca me presentaron, pero que mi conciencia me acercaba. Cada día, mi alma me indicaba que había mucho más sobre Jesús de lo que se me había privado. El evento de la crucifixión ha sido uno de los acontecimientos más desconocidos en el ámbito religioso, pero precisamente eso era lo que siempre generaba un sentido de insatisfacción, donde mi alma me indicaba que lo presentado no era todo. Al leer y acercarme a este libro, elevó mi nivel de conciencia y abrió mi entendimiento sobre aquellas preguntas e insatisfacciones que sentía por la información recibida. Agradezco al Dr. Jesús Torres por haber realizado esta asignación del alma y haberme llevado en este viaje al místico y espiritual, un viaje que me acercó más al Jesús no histórico y no religioso, sino al Jesús que trascendió lo físico, llevándome a una experiencia similar.

Pastor Fernando Lopez Puerto Rico

Definitivamente, después de leer el libro de mi amigo y Maestro Dr. Jesús Torres Jr, vi a Jesús de una manera que no había conocido antes.

Felicito al autor por compartir su visión sobre Jesús el Hebreo, que sin lugar a dudas es muy distante del Jesús griego que la religión ha enseñado.

Invito a todos a experimentarun viaje extraordinario de

no solo lectura, sino de revelación y vida a través de esta maravillosa obra"

Pastor Mario Mendoza

Ministerio Internacional Rey de Reyes.

Chile.

Quiero felicitar a mi amigo el Doctor Jesús Torres JR. Por tan tremenda obra, llena de revelación y datos muy interesantes.

Conocer nuestra espiritualidad a través de nuestra humanidad es el reto de esta generación.

Esa divinidad inalcanzable, lejana y abstracta se hace cercana a través del autodescubrimiento y ese fue el mensaje principal de yeshuaj: y conoceréis la verdad y la verdad te hará libre.

La verdad es como una mariposa que al tratarla de sacar de su capullo le matas el potencial de vivir, debemos dejar que la mariposa incube y rompa desde adentro los límites que custodian dicha verdad.

El aleteo de dicha verdad revela la vida que fue incubada en el interior del capullo. Hoy es un simple capullo que trae vida mediante el aleteo de dicha verdad.

Maestro Michael López República Dominicana .

EL JESÚS QUE NUNCA ME PRESENTARON

יֵשׁוּעַ

INTRODUCCIÓN

Jesús de Nazaret es, sin duda, uno de los personajes más influyentes de la historia de la humanidad. Reconocido en todas partes, desde grandes religiones hasta la cultura pop, su presencia trasciende fronteras y contextos. Pero ¿realmente conocemos a Jesús en su verdadera esencia? Aunque más del 84% de los estadounidenses consideran que es una figura espiritual central, su identidad original, como hebreo, ha sido desdibujada con el tiempo. Este libro busca devolvernos a ese Jesús hebreo, más allá de lo que las interpretaciones posteriores nos han presentado.

Jesús no es exclusivo del cristianismo. En el islam, es venerado como Isa, un profeta de Dios, milagroso en su nacimiento y acciones. Mientras tanto, el judaísmo tradicional lo considera un maestro carismático, pero rechaza su divinidad. Estas perspectivas dispares no solo nos revelan una diversidad de creencias, sino que nos invitan a profundizar en lo que sabemos y en lo que aún queda por descubrir sobre su figura.

Más allá de las religiones, Jesús ha capturado la atención en películas y libros. Desde éxitos de taquilla como "La Pasión de Cristo", que recaudó más de 600 millones de dólares, hasta series documentales como "Finding Jesus", su vida sigue siendo objeto de exploración, debate y fascinación en todo el mundo. Esto se ve reflejado en el constante aumento de búsquedas en Google sobre Jesús durante épocas religiosas, con un incremento del 53% cerca de la Pascua.

Pero este libro no será solo una narración histórica o un simple ensayo espiritual. Aquí emplearemos la ciencia, la historia, la psicología y la neurociencia para descifrar lo que te voy a presentar. Utilizaremos todas las herramientas que nos brinda el conocimiento moderno para desenterrar las capas ocultas de su legado, desde los secretos de su enseñanza hasta los códigos ocultos en su cultura hebrea. Cada capítulo será como un documental viviente, donde cada página revelará una nueva capa de entendimiento.

Imagine que está a punto de ingresar a un metaverso, no de mundos virtuales, sino de la historia lineal de Jesús. Juntos, viajaremos a su época, como si fuéramos viajeros del tiempo. Nos moveremos por los escenarios más emblemáticos, utilizaremos algun tipo de arqueología virtual, para reconstruir el contexto cultural y social, y la neurociencia para entender el impacto de sus enseñanzas en la mente humana. Exploraremos la metafísica y el conocimiento espiritual desde las raíces hebreas, en busca de la esencia que el tiempo ha intentado ocultar.

Este no es un libro común. Es tu makom kadosh, tu espacio sagrado de lectura, donde cada concepto será una clave maestra que abrirá puertas a un entendimiento más profundo. Jesús, más que una figura histórica, se revelará como un maestro hebreo, cuyas enseñanzas resuenan hoy más que nunca en una búsqueda global por sentido, espiritualidad y transformación.

A lo largo de este viaje, emplearemos un enfoque multidisciplinario para redescubrir a Jesús el hebreo en su totalidad. Este es el Jesús que nunca te presentaron, y hoy, con las herramientas de la ciencia, la espiritualidad y la historia, te lo presento a ti.

EL JESÚS QUE NUNCA ME PRESENTARON

ישוע

ANTES DE SEGUIR

Antes que sigas avanzando en la lectura, quisiera tengas en mente la definicion de los términos que nos acompañaran a lo largo de nuestro viaje en el ejercicio de descubrir los secretos del Jesus que nunca me presentaron.

Para profundizar en los conceptos que guiarán este libro, es importante establecer definiciones claras que nos servirán como base. Estas definiciones no solo abordan los significados técnicos, sino que también ofrecen una interpretación específica dentro del contexto de la metafísica del alma hebrea que estoy por presentarles.

Se requieren contraseñas para acceder a los secretos de Torá:

1. Espiritualidad: En contraste con la religión, que tiende a estar estructurada en dogmas y rituales externos, la espiritualidad se trata de la conexión personal e íntima

con lo divino. Es un viaje interior hacia la comprensión y el despertar del alma. En este libro, la espiritualidad es el eje central que guía al individuo hacia la activación de la conciencia del Mashiaj dentro de sí mismo.

2. Esotérico: El esoterismo se refiere a enseñanzas o conocimientos que están ocultos o reservados para aquellos que están preparados para recibirlos. En el contexto de este libro, lo esotérico está vinculado a los secretos de la Torá que se encuentran ocultos bajo la superficie literal del texto.

3. Místico: Lo místico se refiere a la experiencia directa de lo divino, un estado de unidad con lo sagrado que trasciende la razón. En el contexto de este libro, lo místico es el camino hacia la revelación y la comprensión profunda de la esencia divina en nuestra vida cotidiana.

4. Mística Hebrea: También conocida como Cábala, la mística hebrea busca descifrar los secretos espirituales contenidos en la Torá. No es simplemente un estudio intelectual, sino una vivencia profunda de las verdades divinas. En este libro, la mística hebrea es la llave que nos permite despertar al propósito divino y a la conexión con el Creador.

5. Cábala: Técnicamente, la Cábala es la tradición mística judía que busca interpretar los secretos del universo mediante el análisis de las letras y los números presentes

en la Torá. En el contexto de este libro, la Cábala se refiere a los secretos de la Torá, los códigos ocultos que revelan las verdades más profundas del alma y la creación.

6. Metafísica: La metafísica es una rama de la filosofía que explora lo que está más allá de lo físico: las fundaciones últimas de la realidad, la causalidad, el ser, y la existencia. En este libro, la Metafísica Hebrea se refiere al estudio de las energías ocultas detrás de la creación, a las fuerzas que forman la realidad física y espiritual, y que están codificadas en las letras hebreas.

7. Judaísmo: En su sentido más amplio, el judaísmo es una religión monoteísta que se basa en la Torá. Sin embargo, en este libro, veremos el judaísmo como un sistema espiritual que contiene los códigos divinos para despertar el alma. El judaísmo nos ofrece símbolos, rituales y enseñanzas que, cuando se interpretan desde una perspectiva mística, nos conectan directamente con lo divino.

8. Talmud: El Talmud es una obra central del judaísmo, compuesta por la Mishná y la Guemará, que ofrece interpretaciones y discusiones sobre la ley judía, la ética y la espiritualidad. En este libro, veremos que, más allá de las interpretaciones legales, el Talmud es una fuente de conocimiento esotérico que contiene claves ocultas para entender los secretos del alma y del universo.

9. Sefer Yetzirá: El Sefer Yetzirá es uno de los textos más antiguos de la mística judía, que describe cómo Dios creó el universo utilizando las letras hebreas. Este libro nos enseña que cada letra tiene un poder creativo y que el estudio de estas letras revela los secretos más profundos de la creación.

10. El Zohar: Técnicamente, el Zohar es un texto fundamental de la mística judía, específicamente de la Cábala. Escrito en arameo, se atribuye tradicionalmente a Rabí Shimon bar Yojai, aunque muchos estudiosos modernos creen que fue redactado en el siglo XIII por Moshe de León. El Zohar explora los aspectos místicos de la Torá, desvelando los secretos ocultos en los textos bíblicos y proporcionando interpretaciones esotéricas sobre la naturaleza de Dios, el universo, y la relación entre lo divino y lo humano. Es una obra compleja que utiliza simbolismo profundo para explicar los misterios de la creación, la estructura de los mundos espirituales y las interacciones entre las esferas celestiales y terrenales.

En el contexto de este libro, el Zohar no solo es una fuente de sabiduría mística, sino una herramienta para comprender la realidad más allá de lo visible. En mi narrativa, el Zohar actúa como una llave que abre puertas hacia el conocimiento oculto y los secretos de la creación, conectando los misterios de la Torá con aspectos de la existencia humana, tanto en el plano espiritual como en el físico. Para mi, el Zohar es el mapa que desvela los códigos y patrones que sostienen la vida, la mente, y el alma, siendo esencial para interpretar temas como los hemisferios cerebrales, la dualidad del ser, y la unificación espiritual.

En resumen, el Zohar no solo es un libro sagrado de la Cábala, sino un "código revelado" que ayuda al lector a entender la conexión entre el universo físico y el espiritual, mostrando cómo los secretos de la Torá están escritos tanto en el cosmos como en el ser humano.

11. Holistico: Técnicamente, el término "holístico" proviene de la palabra griega holos, que significa "todo" o "completo". Se refiere a una perspectiva que considera el todo, en lugar de enfocarse únicamente en las partes individuales. Es un enfoque integrador que busca comprender sistemas completos y las interrelaciones entre sus componentes. En áreas como la medicina, la educación o la psicología, lo holístico implica tratar o analizar al individuo o sistema en su totalidad, en lugar de aislar partes específicas.

En el contexto de mi libro, "holístico" adquiere una dimensión espiritual y metafísica. Dentro del marco de la espiritualidad hebrea y las enseñanzas de Jesús el hebreo, el enfoque holístico se refiere a una visión completa del ser humano. El concepto holístico que utilizo en esta obra sugiere que las enseñanzas espirituales no pueden ser comprendidas completamente si se fragmentan. En lugar de mirar solo el aspecto religioso o histórico de Jesús, mi enfoque holístico invita a integrar la historia, la mística, la espiritualidad, la neurociencia y la psicología para ver el "todo" en la persona de Jesús y en el camino del alma.

En resumen, lo holístico implica una comprensión profunda que une las partes separadas de la experiencia humana y espiritual, mostrando cómo todo está interconectado, desde los hemisferios cerebrales hasta los aspectos místicos de la Torá.

Las Letras Hebreas: Claves para Descifrar el Alma y el Universo

El idioma hebreo es mucho más que un simple sistema de comunicación; cada una de sus letras tiene un significado metafísico, un valor numérico y un poder espiritual que va más allá de lo que podemos ver o comprender con la mente lógica. Las 22 letras del alfabeto hebreo fueron utilizadas por Dios como los bloques fundamentales de la creación, y cada una de ellas contiene una energía viva que sostiene la realidad física y espiritual.

Según el Zohar y el Sefer Yetzirá, Dios utilizó estas letras como herramientas para crear el universo. Estas letras no son simplemente símbolos gráficos; son vehículos de energía divina que sostienen el orden cósmico. En este sentido, cada letra hebrea actúa como un puente entre lo divino y lo humano, conectando los aspectos visibles e invisibles de la realidad.

Cada letra hebrea tiene un valor numérico, lo que permite que a través de la guematría podamos encontrar conexiones ocultas entre palabras y conceptos aparentemente no relacionados. Por ejemplo, la palabra Elohim (Dios) tiene un valor numérico de 86, lo que coincide con el valor de la palabra hateva (naturaleza). Esto sugiere que lo divino está intrínsecamente presente en la naturaleza misma.

Cuando Jesús el Hebreo hablaba de su "Padre", no solo se refería a una figura paternal literal, sino que estaba utilizando un código místico que se basaba en el significado profundo de las letras hebreas. En hebreo, "Padre" se escribe Ab (אב), compuesto por las letras Alef y Bet, las dos primeras del alfabeto. Esto no es un detalle menor, ya que, según la mística hebrea, Alef representa la unidad divina y el poder de lo invisible, mientras que Bet simboliza la dualidad y el comienzo de la creación manifestada. En este contexto, el "Padre" del que hablaba Jesús no es solo una entidad física, sino el alfabeto del universo, el conjunto de letras que sostiene toda la creación.

En la metafísica hebrea, estas letras no solo existen en los textos antiguos; están inscritas en nuestra alma. Cada vez que leemos las letras hebreas, estamos interactuando con los mismos códigos que formaron el cosmos. Al estudiar y meditar en estas letras, despertamos nuestro ser interior y nos alineamos con el propósito divino. Esta es la esencia del mensaje de Jesús el Hebreo: las letras hebreas descifran todo. A través de ellas, no solo entendemos el mundo exterior, sino que leemos nuestra propia alma.

El estudio de las letras hebreas es, por tanto, un acto espiritual que nos conecta con el ADN espiritual del universo. Las letras no son meros símbolos gráficos, sino energías vivas que sostienen tanto el mundo físico como el espiritual. Cada letra, con su valor numérico y su simbolismo, contiene un secreto divino que puede ser revelado a quienes estén dispuestos a buscar más allá de lo literal.

Este viaje que iniciamos a través de las letras hebreas y su significado en la Torá no solo nos llevará a comprender el mensaje profundo de Jesús el Hebreo, sino también a despertar nuestro propio ser espiritual, reconociendo que las letras son la clave para descifrar los misterios del alma.

EL JESÚS QUE NUNCA ME PRESENTARON

יֵשׁוּעַ

CAPÍTULO 1
JESÚS EL HEBREO

Jesús de Nazaret es, sin lugar a dudas, una de las figuras más influyentes de la historia humana. Pero lo que estás a punto de descubrir en este libro va más allá de lo que se ha contado tradicionalmente. Aunque muchos lo conocen como el Rabino Jesús, su impacto trasciende las narrativas habituales. Antonio Piñero, filólogo e historiador, lo sitúa en el "año 0", justo después del inicio de la era común, en el siglo I. Sin embargo, lo que quiero mostrarte en estas páginas es mucho más profundo.

En este libro, te invito a recorrer conmigo una línea de tiempo personal que me ha permitido identificar los momentos clave donde mi consciencia se fue expandiendo. Es un viaje que me llevó a descubrir tres versiones de Jesús, tres perspectivas que, al unirse, revelan algo más grande: la esencia de la espiritualidad hebrea. Piensa en ello como un mapa mental, una serie de fotografías de mi mente y alma en evolución, donde las neuronas se conectan como circuitos eléctricos, revelando verdades ocultas en nuestro propio ser.

El Jesús de mis ancestros

El primer Jesús que conocí fue el que me enseñaron mis padres: el Jesús de mi infancia, el que viajó a través de las generaciones en mi familia. Este Jesús, el que se transmitió genéticamente, moldeó mi cosmovisión en los primeros años de mi vida. Era el Jesús que muchos reconocen, el Jesús de la religión, el Jesús del dogma.

Crecer en un entorno cristiano, rodeado de normas y tradiciones, me hizo absorber este concepto de Jesús como una verdad absoluta. Este fue el Jesús de mis ancestros, y su influencia fue poderosa en mi desarrollo, afectando la forma en que veía y entendía el mundo.

El Jesús de la historia

Pero algo dentro de mí comenzó a moverse. No pasó mucho tiempo antes de que mi mente empezara a cuestionar. ¿Quién era realmente este Jesús? Así fue como, en la universidad, me encontré con el Jesús de la historia.

Este Jesús no apelaba a mis emociones ni buscaba mi devoción. En cambio, encendió algo más profundo: la chispa de la consciencia. Comencé a ver a Jesús no solo como una figura de fe, sino como un ser histórico, como alguien que caminó por la Tierra, que dejó huellas tangibles. Desde mi perspectiva en la espiritualidad hebrea, este Jesús representaba una pre-consciencia, un estado de ser más elevado.

Este Jesús no necesitaba citas bíblicas para probar su existencia. Las evidencias estaban en las fuentes históricas de los primeros siglos.

Bastaba con despejar la neblina de los mitos y las distorsiones mediáticas para encontrar lo que llamamos la conciencia mesiánica.

El Jesús de la historia me condujo de vuelta al Jesús de mis ancestros, pero esta vez, transformado. Lo que una vez fue el Jesús de mi niñez, se convirtió en la semilla de algo más grande: el Jesús hebreo que estoy a punto de revelarte.

Jesús El Hebreo

Jesús de Nazaret es una figura conocida en todo el mundo occidental, pero lo que quiero que descubras aquí va mucho más allá de lo que te han contado. No me refiero solo a Jesús como judío. Aunque llevaba esa identidad, en la espiritualidad hebrea comprendemos algo mucho más profundo: ser hebreo no es solo una cuestión de religión, es una mentalidad. Es una forma de ver y comprender el mundo que trasciende lo terrenal. Más allá de la nacionalidad con la que lleguemos a este mundo, todos llevamos dentro una chispa de alma hebrea que conecta con lo eterno, con algo que va más allá de nuestra percepción ordinaria.

El judaísmo es una religión, pero ser hebreo es una mentalidad

Ser hebreo no tiene que ver exclusivamente con seguir una religión. Es un código, una forma de vivir. Y para mostrarlo, quiero llevarte a un pasaje de la Torá que ha sido predicado incontables veces en las iglesias cristianas, pero rara vez entendido en su verdadera dimensión. Hablo de la tormenta en Genesaret. Todo el mundo conoce esta historia, pero casi nadie ha explorado su verdadero significado.

Yeshua no vivió cerca de ese lago por casualidad. Todo en su vida tenía un propósito, y ese lugar fue el escenario donde enseñó una de las lecciones más profundas del Tikún: los exámenes de vida. Lo que Yeshua enseñó entonces sigue disponible para las almas que buscan despertar. Estas lecciones no eran solo para sus discípulos, sino también para ti y para mí.

Este pasaje está registrado en el evangelio de Lucas 8:22: "Un día, Jesús subió a una barca con sus discípulos y les dijo: 'Pasemos al otro lado del lago'. Y partieron."

Parece un simple viaje, pero lo que sucedió después

cambió todo. Mientras navegaban, Yeshua se durmió. ¿Te imaginas? ¿Quién se duerme en medio de una travesía crucial? Esto no fue un accidente. Jesús siempre tenía una lección escondida en cada acto.

Mientras él dormía, se desató una tormenta feroz. Las olas golpeaban la barca con tanta fuerza que los discípulos, hombres experimentados en el mar, entraron en pánico. Imagínate la desesperación en sus rostros mientras intentaban salvar la situación. Lo único que podían hacer era despertar a Jesús. Y aquí viene la gran pregunta: ¿cómo puede alguien dormir en medio de un caos así?

"¡Maestro, maestro!", lo llamaron con urgencia. Pero este doble llamado no es solo un grito de pánico. Hay un significado más profundo. En la espiritualidad hebrea, repetir una palabra como "maestro" simboliza algo más. Representa la necesidad de un equilibrio, un despertar en ambos hemisferios del cerebro.

Lo que los discípulos enfrentaban no era solo una tormenta externa; había una tormenta interna que necesitaba ser calmada.

Jesús se despertó, pero no con miedo ni preocupación. Con total calma, reprendió al viento y al mar. En un instante, todo se calmó. Luego, mirando a sus discípulos, les hizo una pregunta que resonaría en sus corazones: "¿Dónde está vuestra fe?".

Los discípulos, sorprendidos, se preguntaban entre sí: "¿Quién es este que hasta los vientos y las aguas le obedecen?". Pero la verdadera lección no estaba solo en la tormenta que se calmó. Era mucho más profunda. Jesús les estaba mostrando que la tormenta que enfrentaban no era solo física. Las tormentas más poderosas que enfrentamos están dentro de nosotros, y la verdadera fe consiste en mantener la calma en medio del caos.

La expresión "Pasemos al otro lado"

Cuando Yeshua dijo "pasemos al otro lado", no era solo una instrucción literal. Esta frase, en su profundidad, contenía un código secreto que conectaba lo mundano con lo divino, lo físico con lo espiritual. Cruzar al otro lado no solo implicaba llegar a una nueva orilla del lago, sino atravesar una barrera entre lo visible y lo invisible, conectando el mundo material con el mundo superior.

Y esto es justamente lo que hace fascinante cada elemento de las escrituras. Puedes estudiarlas desde el plano geográfico, pero si te detienes ahí, te perderás de la verdadera esencia. Cada lugar en la Tierra es un reflejo de la geografía universal. Como en la física cuántica y en la espiritualidad hebrea, el principio es el mismo: "Como es arriba, es abajo; como es adentro, es afuera". Yeshua estaba enseñando que la geografía física era solo una sombra de la geografía espiritual.

Jesús nunca fue cristiano

El historiador Antonio Piñero lo aclara: "Jesús no fundó una nueva religión". No vino a crear una institución distinta del judaísmo. Su misión era más sencilla y, a la vez, más profunda: reformar y renovar ciertas prácticas dentro del contexto judío.

Lo que hoy llamamos "cristianismo" es una construcción posterior que no refleja fielmente las enseñanzas originales de Jesús.

De hecho, Jesús murió siendo judío. Nunca supo que sería el protagonista de una religión que él no fundó. Cuando dijo a Pedro: "Te doy las llaves del reino", las interpretaciones posteriores dieron lugar a la era papal, considerando a Pedro como el primer papa. Pero si volvemos a los hechos históricos, Jesús no tenía esa intención. Su mensaje era mucho más cercano a sus raíces hebreas.

A lo largo del tiempo, hemos convertido a Jesús en un mito. La interpretación de su figura ha sido maquillada por la "matrix" religiosa. Lo que se ha hecho es separar al Jesús histórico del Jesús del cristianismo, construyendo dos imágenes diferentes. Pero la verdad es que si estudias la historicidad, te darás cuenta de que el Jesús histórico existió, caminó sobre esta Tierra. Y eso es algo que no se puede negar.

Si quitamos todo el adorno, nos queda el hombre real, el Jesús hebreo. Existen registros históricos sólidos. Figuras como Plinio el Joven, Tácito, Flavio Josefo, todos ellos confirman la existencia del individuo que llamamos Jesús de Nazaret.

Sin embargo, las interpretaciones religiosas han tergiversado su esencia. Lo que nos llegó es una imagen distorsionada, una versión de Jesús que no hace justicia a quién realmente fue. Lo que tenemos es un Jesús atrapado en una "matrix" religiosa, y por eso no podemos ver la belleza de su verdadero ser: Yeshua, el hebreo.

Jesús en nuestro subconsciente colectivo

Jesús en nuestras mentes no es más que una imagen subconsciente, una figura mutilada de su verdadera esencia hebrea.

Y esto es evidente cuando observamos cómo ha sido representado. No existe ninguna fotografía auténtica de Jesús de Nazaret. La fotografía no fue inventada hasta el siglo XIX, mientras que Jesús vivió en el siglo I. Lo que tenemos son representaciones artísticas, basadas en interpretaciones culturales de diferentes épocas y lugares. Pero esas imágenes no son fieles a quien realmente fue.

La imagen de Jesús y su verdadera esencia

La imagen más común de Jesús en la cultura occidental nos muestra a un hombre de piel clara, cabello largo y barba. Sin embargo, es importante señalar que esto es más un reflejo de las tradiciones artísticas europeas que una descripción histórica precisa.

Históricamente, Jesús era un hombre judío que vivió en el Medio Oriente, lo que probablemente significa que tenía rasgos semíticos: piel más oscura, cabello corto y barba, similares a los de otros hombres de la región en ese tiempo.

Pero la verdadera pregunta es: ¿quién, dentro del contexto del judaísmo, se atrevía a tocar a un leproso?

Tocar a un leproso era una transgresión de la Torá. Si lo hacías, tú mismo eras declarado impuro y tenías que desterrarte para purificarte. Sin embargo, a Jesús, el hebreo, no le importó eso. Él se atrevió a tocar lo que nadie se atrevía a tocar.

Ese es el momento que define el romance espiritual con Jesús "El Hebreo": se atrevió a tocar lo que nadie se atrevió a tocar. Y esa audacia no se limitaba solo a las personas que la sociedad rechazaba, sino que también desafiaba las normas religiosas de su tiempo.

Es por eso que estoy aquí, y estoy agradecido por su obra. Aunque muchos en el mundo judío no reconocen su existencia, y otros lo consideran un hereje, yo sé que su mensaje trasciende las etiquetas. Jesús el Hebreo se atrevió a romper las barreras y abrazar lo que otros temían.

Me gustaría que pudieras tener la experiencia de enamorarte de Jesús el Hebreo en su verdadera esencia, porque este ejercicio del alma nos humaniza. En la espiritualidad hebrea, lejos de endiosarlo como dicta el dogma, invita a poder humanizarlo. Jesús es la referencia humana que nos conecta al Padre de las luces.

El valor humano de Jesús

El periodista Lee Strobel relata una entrevista con el ex-evangelista Templeton, contemporáneo de Billy Graham. A la esposa de Templeton le diagnosticaron Alzheimer, y él dijo que ya no podía seguir predicando sobre un Dios de amor cuando vio a su esposa consumirse bajo esa enfermedad, perdiendo su identidad y memoria. ¿Cómo seguir creyendo en un Dios que permite que algo así suceda?

En una conversación con Strobel, Templeton confesó que ya no podía creer en un Dios que permitiera tanto sufrimiento. Durante una entrevista, Templeton se refirió a una fotografía desgarradora: un niño desnutrido, al borde de la muerte, rodeado de tierra seca y un ave carroñera esperando a que el niño sucumbiera. "¿Qué le cuesta al dios del cielo enviar lluvia sobre esa tierra?", preguntaba.

Pero lo más interesante fue lo que ocurrió después. Lee Strobel le preguntó sobre Jesús de Nazaret:

"¿Qué tienes que decir de él?"

Templeton respondió, sin dudar: "Ah, Jesús es diferente".

¿Por qué? Porque vio el valor humano de Jesús.

Sabía que a Jesús le dolía el sufrimiento de la gente, que él sentía el dolor ajeno de una manera profundamente humana.

Cuando el texto dice que Jesús tenía compasión por la multitud porque la veía dispersa, como ovejas sin pastor, debemos entender que la compasión que él sentía no era una simple emoción superficial. Compasión, en su sentido más profundo, no es una mera expresión de nuestra inteligencia emocional. En hebreo, compasión significa que le dolía en las tripas. Era un dolor profundo, visceral. Así era el Yeshua hebreo, alguien profundamente humano.

El racismo y la supremacía que vemos hoy en día son cáscaras de oscuridad que la religión ha jerarquizado. A Yeshua le daba náusea todo ese sistema religioso. De hecho, Jesús "El hebreo" nunca desarrolló su ministerio en la sinagoga; no buscaba esa comodidad. Enseñaba la Torá caminando, entre la gente, en las aldeas.

¿Por qué? Porque no quería estar en la opulencia ni ser el gran gurú de la espiritualidad judía de su tiempo. Yeshua decía: "Voy con mi Torá a las aldeas, porque me duele lo que les pasa a las personas". Sentía el dolor de la gente. Si hay algo que buscamos hacer desde la espiritualidad hebrea, es que este sentimiento nos humanice, que nos duela lo que le duele al otro. No podemos quedarnos tranquilos cuando identificamos una necesidad. La espiritualidad hebrea no solo nos invita a sentir empatía, sino que nos impulsa al altruismo.

La religión tradicional dice: "Ora por esa alma". La

espiritualidad hebrea dice: "Además de orar, haz algo. Dale una semilla, una herramienta, ayuda concretamente". Y ese es el Yeshua que quiero depurar, porque este texto ha sido mal interpretado y abusado tantas veces. Cuando Jesús enseñaba y oraba, dijo claramente: "No quiero que funden una religión en mi nombre".

No vino a establecer una institución gubernamental, ni política, sino una que tuviera empatía, que no promoviera el sufrimiento inútil de la ignorancia. Su objetivo era más elevado: crear una institución que actuara, que ayudara.

El alma hebrea es metafísica (más allá de la materia)

Cuando Yeshua decía "pasemos al otro lado del lago", no solo se refería a un movimiento físico en la materia, sino a un movimiento en el plano espiritual. Lo que sucede arriba también afecta lo que ocurre abajo.

Por eso, la oración, o la tefilá, no es simplemente un ejercicio de palabras. Como hemos explicado antes, la oración es una cuerda conectada a una campana. Cuando tiras de esa cuerda desde la Tierra, haces sonar la campana en el cielo. Lo que muevas aquí, se moverá allá.

Jesús M. Torres Jr.

La religión te dice que el cielo está demasiado alto para que lo alcances. Jesús, en cambio, nos invita a humanizar el cielo, a entender que está mucho más cerca de lo que creemos.

Jesús dijo, el cielo y la tierra son una misma cosa

La religión lo ha puesto tan alto que nadie lo puede alcanzar, pero Yeshua dijo lo contrario: lo que se mueve en la tierra, se mueve en el cielo al mismo tiempo. Si quieres cambiar tu realidad, tienes que hacer que algo suceda en este mundo. Yo estoy buscando gente intensa, personas que no esperen que las cosas les lleguen. No para aquellos que creen que el cielo es como un restaurante, esperando que el Eterno sea su mesero, con hambre de propinas humanas.

Lo que me encanta de Jesús el Hebreo es que él no esperaba que las cosas pasaran. Hacía que las cosas se movieran. Todo lo que se movía en la tierra, movía también al cielo. Si quieres que algo cambie en la tierra, tienes que hacer algo aquí abajo. Lo que se mueve en la tierra, hace que el cielo responda.

De adentro hacia afuera

Muchos de ustedes esperan que algo externo suceda, tal vez el cheque llegue, o las circunstancias cambien. Nosotros no esperamos nada de eso. Nosotros hacemos que las bendiciones se muevan. Nosotros humanizamos lo que la religión ha espiritualizado. La religión te dice que lo que viene es de afuera. Nosotros decimos: primero viene de adentro. Lo de afuera es solo un reflejo de lo que ya se movió dentro de nosotros.

Nosotros no vamos a esperar que nadie mueva las cosas por nosotros. Si se mueve aquí abajo, se mueve allá arriba. Vamos a mover bendiciones, porque no puedo permitir que me quede sin recibir todo lo que el Eterno tiene para mí. Eso es vivir por debajo del nivel. Vamos a vivir a la altura de nuestro llamado, de nuestra asignación. Cada movimiento en la geografía física crea un movimiento en los mundos espirituales.

Cuando Yeshua dijo: "Pasemos al otro lado", no solo lo estaba diciendo en términos literales. Le recordaba a sus discípulos que ellos tenían una naturaleza hebrea.

El hebreo: el que cruza al otro lado

Mis estudiantes me preguntan constantemente: "¿Qué significa ir al otro lado?". Aquí lo hemos explicado muchas veces. Hebreo significa el que cruza del otro lado del río. Abraham fue el primero en ser llamado hebreo por cruzar el río Éufrates, y su historia está llena de ángulos que aún seguimos descubriendo.

El idioma hebreo está lleno de significados profundos, ocultando tanto ideas numéricas como pictográficas. No es un simple conjunto de letras; el Zohar, el libro místico que estudia el alma de la Torá, asigna a estas letras una participación activa en la obra creadora de Hashem. Son herramientas divinas que construyen y sostienen nuestro universo.

Las 22 consonantes que componen el alefato hebreo no son solo símbolos, son recipientes de energía divina. Cada letra hebrea es un canal que contiene y transmite la energía de Hashem, trayendo la vida y la creación a todo lo que existe.

Las palabras que forman las letras hebreas no son solo palabras, son movimientos de energía. Cada palabra que pronunciamos en hebreo activa esa energía divina. Las letras se mueven, las palabras trasladan y moldean la realidad, conectándonos con el aliento de Hashem.

El hebreo es más que un idioma: es un código.

Cuando rompemos la palabra "hebreo" (עברית) y la analizamos desde su raíz, descubrimos que se trata de un código. Usando el notarikon, una técnica gramatical que nos permite descomponer palabras, nos encontramos con que "hebreo" contiene dos conceptos: "ever", que significa "cruzar", y "it", que se refiere a la dirección hacia algo.

Este descubrimiento es asombroso: ser hebreo es cruzar hacia algo más grande. Y esta no es solo una idea metafísica, sino que también es geográfica.

**Abraham, el primer hombre
llamado hebreo, cruzó
literalmente de un lado del
río Éufrates al otro, siguiendo
instrucciones divinas.**

En un nivel más profundo, desde la espiritualidad mística, cruzar significa un movimiento de derecha a izquierda. Esto es una invitación para movernos entre dos realidades, como un puente entre el mundo visible y lo invisible. El hebreo está entre ambos mundos, uniendo el cielo y la tierra, lo espiritual y lo físico.

El concepto hebreo: un puente metafísico

Ahora podemos ver con claridad que el concepto de "hebreo" no es solo una palabra, sino una idea metafísica que encierra el potencial del ser humano.

> Ser hebreo no es solo cruzar un río físico, es cruzar hacia una conciencia superior.

En términos de neurociencia, ser hebreo implica despertar y maximizar los recursos que residen en nuestro hemisferio derecho. Allí habitan nuestras capacidades oníricas, artísticas y creativas, las cuales muchas veces quedan sin desarrollar en nuestra vida diaria. Y es precisamente por esto que nuestros sistemas educativos, centrados en el hemisferio izquierdo, nos han limitado.

Los primeros años de nuestra vida, de 0 a 4, son un periodo en el que somos genios en potencia. Pero este potencial suele atrofiarse debido a sistemas que priorizan la información sobre la innovación. Como explica el psiquiatra Augusto Cury, tenemos una generación que clona información, pero no produce ideas nuevas.

Hebreo es un código

Jonás también fue llamado hebreo, y ahora sabemos que ser hebreo es mucho más que una etiqueta. Hebreo es un código que despierta las partes más profundas del alma. Ser hebreo es ir más allá de lo que parece normal, es acceder a una dimensión que otros no pueden ver.

Cuando Jonás fue identificado como hebreo, algo cambió en su vida. De repente, comenzó a hacer cosas fuera de lo común, a entrar en un espacio donde lo extraordinario se volvía natural. Eso es lo que implica cruzar al otro lado: es un despertar de conciencia.

En enseñanzas privadas, hemos explicado que "el otro lado" no solo se refiere a un lugar físico. En el nivel espiritual, es un salto a una nueva dimensión de entendimiento. Hay quienes lo interpretan de manera literal, como un cruce hacia el más allá. Pero la verdad es que no necesitas morir para cruzar. Puedes hacerlo ahora, en esta vida, accediendo a niveles más altos de conciencia.

En los funerales y con chocolate caliente, hay quienes esperan morir para acceder a esa grandeza. Pero Yeshua está diciendo algo muy distinto: no tienes que morir para vivir en esa grandeza. El "otro lado" no es un lugar después de la muerte, es una dimensión que reside dentro de ti, en tu hemisferio izquierdo.

Cuando hablamos de hemisferios, estamos hablando del cerebro. Más que un lugar externo, el cielo está instalado dentro de nosotros. Cielo no es un sitio distante, sino una dimensión dentro de nuestra cabeza.

Tu alma hebrea está despierta las 24 horas del día.

Aunque duermes, tu alma permanece alerta. Como dice Cantares 5:2, "yo dormía, pero mi corazón velaba". ¿Cómo es posible estar dormido y vigilante al mismo tiempo? Porque es un código. El alma nunca duerme, siempre está mirando al otro lado, atenta a lo que viene.

Por ejemplo, cuando sientes insomnio, puede ser porque tu alma hebrea está mirando lo que viene para ti. Si desarrollas la habilidad de capturar esa información, podrás anticiparte a lo que sucederá. Los sueños premonitorios son mensajes del otro lado.

¿Qué está pasando?

El código hebreo te está diciendo que algo viene el próximo mes. A veces, tu alma hebrea te advierte de lo que no te conviene. Por ejemplo, si sueñas con leones persiguiéndote, no son leones reales. Tal vez sea un símbolo de conflictos no resueltos en tu vida.

No fue tu jefe quien te despidió injustamente. Desde la perspectiva metafísica hebrea, lo que ocurrió fue un movimiento necesario: te empujaron desde tu derecha hacia tu izquierda, moviéndote hacia tu destino.

No personalices los eventos de tu vida.

Muchas personas, tras ser despedidas, regresan a sus antiguos trabajos para vengarse de sus compañeros. Pero si analizas tus sueños de forma onírica, podrías haber visto esas señales mucho antes. Tu alma siempre te avisa de lo que viene.

Tu alma ya había visto esos eventos en tus sueños, meses antes de que ocurrieran en la realidad. Pero, aunque tu alma estaba lista, tú permaneciste en modo avión. ¿Sabes por qué?

Porque no has despertado tu mente hebrea. Cuando el código hebreo se activa, comenzamos a ver lo que viene desde el otro lado. Y no solo lo vemos, sino que afecta nuestros sentidos. ¿Te ha pasado que, de repente, hueles la humedad en el aire o sientes un cambio en la atmósfera? Es el mensaje de que pronto se avecina algo. Está llegando la lluvia.

> **Tu alma hebrea está preparada para ver más allá de lo que parece un fracaso. Para ver más allá del sufrimiento. Lo que ves venir del otro lado de la noticia que quebró tu corazón, de la experiencia que rompió tu alma, es solo un paso hacia tu transformación.**

A todas las almas rotas que me están leyendo, deben saber que el hebreo dentro de ustedes está esperando para soltar una palabra. Pero debes estar despierto para recibirla.

Esa palabra clave es "Pasemos al otro lado". Jesús la dijo no solo para que movieras tu cuerpo, sino para que activaras los recursos que ya están dentro de ti. No importa lo que venga, lo que parece bueno o malo; lo importante es qué harás con lo que te pasa. El éxito está al otro lado del miedo.

Cuando Jesús dice que pasemos al otro lado, no solo está hablando de lo literal, sino también de lo espiritual. Está diciendo: activa el hebreo que vive dentro de ti.

Yeshua subió a una barca con sus discípulos, un vehículo de transportación material, pero lo que estaban cruzando era algo mucho más profundo. El hebreo que vive en ti ya sabe lo que te espera al otro lado. Y por causa de lo que te espera, surge la tormenta: tu prueba, tu examen.

Antes de la travesía, todo estaba tranquilo. Pero al empezar a moverse, despertó una tormenta. No era cualquier tormenta, era un reloj despertador.

La tormenta es un reloj despertador

Más allá de lo físico, la tormenta es el momento del examen. La psicología lo dice: ¿cómo es posible que alguien se duerma en medio de una tormenta?

Jesús se durmió en medio de la tormenta porque el buen maestro siempre aplica un examen basado en lo que ha enseñado. La tormenta es el examen.

El silencio durante el examen

Es común escuchar la frase: "Todo está en silencio durante el examen". Cuando sientes que el Eterno no te habla, puede ser porque estás en medio de una prueba. Pero recuerda, el examen no fue diseñado para destruirte. La tormenta no está aquí para matarte, ni para descalificarte. Fue diseñada para aprobarte.

El hebreo dentro de mí no ve una tormenta. El hebreo dentro de mí dice que esta es la oportunidad de aplicar lo que ya he aprendido. Cuando tu conciencia despierta, te das cuenta de que puedes dormir en medio de una crisis, porque confías en lo que has aprendido.

> El que estudió para el examen
> no está nervioso, sabe que es su
> momento de demostrar lo que
> ha aprendido. El examen no está
> aquí para matarte, está para que
> puedas aprobarlo.

La religión te dice que tu tormenta es el resultado de diablos o entidades oscuras. Pero cuando despiertas a tu conciencia hebrea, te das cuenta de que esas entidades no son tus enemigos, son simplemente herramientas del propósito divino. Todos ellos forman parte del plan.

No tienes enemigos

Cuando llegas a esta mentalidad elevada, te das cuenta de que no hay enemigos ni competencia. Solo existen ejecutores del plan divino, colaboradores de lo que el Eterno tiene para ti. El Diablo no es tu competencia. El Satan es solo una pieza en el gran propósito.

La naturaleza hebrea que está dentro de ti quiere matar gigantes. El hebreo que vive en ti tiene hambre de crecimiento, de compasión y de amar a otros. Muchos en la religión están huyendo del Diablo, pero el Salmo 23 dice que el bien y la misericordia te seguirán todos los días de tu vida. Tú no deberías estar persiguiendo bendiciones, las bendiciones deberían estar persiguiéndote a ti.

Déjate atrapar por El Eterno.

Ya no estamos buscando bendiciones. Cuando despiertas la conciencia hebrea, las bendiciones te persiguen. Deja que te alcancen, deja que te atrapen. Déjate llevar por la asignación que el Eterno ha puesto en tu vida. No pelees con tu llamado. Abraza los secretos de la Torá. No importa lo que digan de ti, no importa si pierdes reputación, no importa si te critican. *El Eterno usa la crítica para mover al hebreo que vive en ti.*

El despertar de los hemisferios: Maestro, Maestro

Vinieron a Él y lo despertaron: "Maestro, Maestro, perecemos". Despertando, Yeshua reprendió al viento y las olas, y se hizo bonanza.

La doble mención de "Maestro" tiene un significado profundo. Se refiere a los dos hemisferios del cerebro (izquierdo y derecho). Cuando estos se equilibran y trabajan como un todo, se despierta el hebreo dentro de ti.

En otros pasajes también se esconde esta verdad:

•Lucas 10:41, el nombre de Marta se duplica.

•Lucas 22:31, Simón es mencionado dos veces.

•Hechos 9:4, Saulo también es llamado de forma doble.

Las tormentas encienden el cerebro derecho

Salmo 107:25-30 describe cómo, a la voz del Señor, se levantan grandes olas, lanzando a los navegantes hasta el cielo y hundiéndolos hasta las profundidades. Nada de su pericia les servía.

¿Qué significa "pericia"? Al rastrear el significado de esta palabra, encontramos que se refiere a la sabiduría o jojmá, ubicada en el lado derecho del cerebro. Cuando el texto dice que perdieron su pericia, significa que apagaron su

Jesús M. Torres Jr.

hemisferio derecho. Por eso clamaban, porque no sabían cómo responder correctamente. *La responsabilidad es responder con habilidad.*

Goliat no fue algo espontáneo que sucedió por casualidad. Goliat fue la oportunidad que el Eterno te dio para demostrar de qué lado estás. Goliat no era un obstáculo, era una promoción.

Los Goliat de tu vida, los problemas, los fracasos, son excusas del cielo. Son las oportunidades que el Eterno utiliza para promoverte a tu próximo nivel. Goliat era necesario, al igual que los desafíos que estás enfrentando ahora. La tormenta que estás viviendo no es más que la excusa del cielo para promocionarte. Te lo estoy diciendo ahora: esto cambiará tu vida.

Los problemas son necesarios: Goliat no vino para destruirte. El hebreo entiende que Goliat no apareció para matarte, sino para revelar la grandeza de David, el rechazado. Aunque su padre intentó esconderlo, el código hebreo activa una fuerza que crea el escenario perfecto para que el Eterno se manifieste. Así, tu grandeza será expuesta en medio de cada desafío.

Los problemas y las crisis que enfrentas son las oportunidades del cielo para promoverte a tu próxima temporada de vida. La razón por la cual se levantó la tormenta en el mar de Galilea es porque algo poderoso te espera al otro lado de la invitación de Yeshúa.

Cuando Yeshúa reprendió el viento y las olas, estaba enviando un mensaje directo al inconsciente hebreo de su audiencia: Zeus no es más fuerte que el propósito de Hashem. Esta región era percibida como controlada por Zeus, pero Yeshúa demostró que, al dominar la atmósfera con Jojmá, las tormentas se someten.

Cuando respondes con sabiduría divina (Jojmá), tomas control de la atmósfera y de los relámpagos. ¿Sabes qué sucede cuando la Torá desciende? Se revela en medio de truenos y relámpagos, como cuando fue entregada en el Sinaí. Yeshúa nos enseñaba que la instrucción divina es la clave para atravesar las tormentas.

La Torá es más poderosa que cualquier tormenta

La Torá que estudiamos es más fuerte que el Zeus del mundo, más poderosa que cualquier fuerza que gobierne en lo material. El Shabbat que celebramos es más poderoso que los días feriados de este mundo. Las enseñanzas que recibes a través de la Torá y la sabiduría del cerebro derecho (Jojmá) te otorgan dominio sobre las fuerzas del mundo.

Jesús , activando Jojmá, estaba desafiando la mentalidad inferior que Zeus representaba.

Un encuentro en la tierra de los gadarenos

Dice el versículo 26, Lucas 8:

"Y arribaron a la tierra de los gadarenos. Al llegar él a la tierra, vino a su encuentro un hombre de la ciudad endemoniado desde hacía mucho tiempo."

Este encuentro nos invita a desentrañar las profundidades del alma. El hombre que Yeshúa vio no tenía ropa, ni hogar, y vivía en sepulcros, es decir, en un inframundo. Los sepulcros simbolizan un estado de profunda oscuridad y desconexión, donde la luz no llega y las energías negativas dominan.

Este gadareno representa más que una figura histórica, podemos vernos reflejados en él. Su historia es el reflejo de nuestras propias almas, esas partes de nosotros que, aunque estamos vivos, operan bajo un manto de oscuridad.

El gadareno podrías ser tú, o alguien cercano. Aunque parezca que todo está en orden, existen áreas donde nuestra alma aún no ha encontrado su verdadera luz.

Jesús no veía solo al gadareno del presente. Él conocía su alma, sabía quién era antes de caer en ese estado. Cuando el hebreo en ti está despierto, tienes la capacidad de reconocer las almas desde el otro lado.

El reconocimiento del alma en el otro

¿Alguna vez has entrado en un lugar y, sin razón aparente, alguien te cae mal o te rechaza? ¿Por qué ocurre esto? Porque sus almas ya se conocen desde el otro lado. Sin importar lo que tu exterior muestre, el alma tiene memoria y reconoce. El alma, que no olvida, sigue percibiendo los ecos de un conflicto o conexión que viene desde el otro lado.

Cuando llegas a un lugar donde te encuentras con personas que aparentemente no te conocen, es posible que, sin explicación lógica, te sientas incómodo o incluso te caigan mal. Pero ¿has reflexionado sobre por qué sucede esto? Es posible que esas almas ya se estén reconociendo desde el otro lado. Hay conexiones invisibles, memorias del alma que trascienden el tiempo y el espacio. El alma, aunque no lo sepas conscientemente, ya ha tenido encuentros con esas personas en otras dimensiones.

En ese momento, el hebreo en ti está despertando, activando la capacidad de ver más allá del presente físico. Reconocer las almas desde el otro lado es un don que solo se despierta cuando tu alma está en sintonía con su propósito espiritual.

Jesús el hebreo lo conocía porque tenía acceso a su árbol genealógico espiritual

Jesús, al encontrarse con el gadareno, no solo veía a un hombre derrotado por fuerzas oscuras. Yeshúa tenía una visión más profunda: conocía su alma, su linaje espiritual. Gadara representaba mucho más que un lugar geográfico; simbolizaba un estado de derrota y desconexión espiritual. Pero Yeshúa podía ver más allá de esa fachada, sabía que en el árbol genealógico del gadareno había un legado de luz, aunque en ese momento estaba sumido en la oscuridad.

El gadareno no era simplemente un hombre poseído o endemoniado; era un alma perdida que había olvidado su verdadera naturaleza.

Yeshúa escaneó su alma y vio su
verdadera identidad espiritual.
Sabía que el gadareno no era el
reflejo de su presente, sino de un
pasado oculto y glorioso.

En 1 Crónicas 12:8 se menciona a algunos guerreros valientes y experimentados de la tribu de Gad que desertaron y se unieron a David en el desierto. Estos guerreros eran expertos en el uso del escudo y la lanza, comparados con leones y ciervos por su velocidad y fuerza.

¿Qué fue lo que hizo Yeshúa, el hebreo? Cuando se encontró con el gadareno, no vio a un hombre endemoniado, vio a un guerrero. Vio en él la destreza con el escudo y la lanza, lo identificó como un león fuerte y rápido como un ciervo en las montañas.

Jesús M. Torres Jr.

Tomó una "fotografía" espiritual de su alma y le dijo: "No te ves como lo que tu alma realmente es". Yeshúa reconoció el otro lado en él. Vio su herencia, su legado, y le recordó que en su linaje él era un guerrero experto, con la valentía de un león.

Jesús lo liberó recordándole su diseño divino.

Le dijo: "Tú no estás diseñado para vivir en sepulcros, no eres alguien sin ropa, sin hogar, sin propósito. Eres luz, eres un guerrero con destreza en el escudo y la lanza. Es hora de que vivas conforme a tu verdadero ser, no en contradicción con tu propósito".

Muchos hoy están viviendo como el gadareno, envueltos en oscuridad, en sepulcros espirituales, despojados de su verdadera identidad. Yeshúa, el hebreo, viene a recordarte quién eres, a mostrarte que tu diseño divino es vivir como luz, como un león valiente, listo para la batalla, veloz como una gacela.

Le dijo al gadareno: "Tú eres más fuerte de lo que crees. No puedes vivir en sepulcros ni envolverte en sombras. Es tiempo de que recuperes tu vestidura y vuelvas a caminar en la luz, en la morada que el Eterno te ha dado".

Dentro de la profecía de Gad, en Génesis 49:19, se menciona que Gad será atacado por bandas de bandidos, pero él los vencerá. Esa es tu herencia, tu historia de guerrero. Aunque los bandidos te asalten, tu destino es levantarte, superar, recuperar lo perdido y derrotar a los que te atacan.

Los gadarenos son aquellos que
permitieron que la debilidad se
instalara en sus mentes vacías.
La debilidad se arraigó en la
mente de aquellos que, en su
linaje, abandonaron su propósito
y su asignación. La profecía
se cumplió, pero ¿por qué?
Porque fueron asaltados por los
bandidos. Les robaron la visión.

Los bandidos de la religión te fallaron. Los bandidos del sistema corrupto te extorsionaron. Sabes que esa profecía tenía que cumplirse, lo que te sucedió estaba dentro del plan. Te frustraron, pero todo tenía que pasar para llevarte a este momento. No sigas culpando a los pastores que te fallaron. No sigas acusando a los sistemas. Eso ya fue.

Pero escucha bien, los bandidos te iban a atacar. Eso estaba claro. Sin embargo, no ibas a ser derrotado, gadareno. Yeshúa llegó a tiempo. No podías seguir viviendo así, atrapado en un sepulcro, sin propósito. ¿Qué le estaba diciendo el Eterno al otro lado del mal de Galilea? Que no puedes ser lo que no eres. No te pareces a los de tu tribu. Eres diferente.

Lo que ocurrió fue parte de un cortocircuito, como profetiza tu historia. Perdiste tu morada, tu vestidura, y te encontraste viviendo entre sepulcros. Pero Jesús, el hebreo, ha llegado para traerte de vuelta al diseño original.

Jesús, el hebreo, irrumpe en la escena.

Interrumpe tu caos. Él acaba de aterrizar en tu zona, y acaba de abrir los secretos de la Torá para ti. Abre un diálogo: "¿Cómo te llamas?" Pero no responde el gadareno; responde la oscuridad dentro de él.

Gadareno, tu expediente está lleno de secretos. Eres un guerrero, tienes ADN de militar, de gladiador. Y quiero recordarte que dentro de ti, tu genética contiene secretos de Torá.

Estás preparado. Estás listo para esta prueba. Estás entrenado para esta crisis. No es nueva. Ya eres un experto en enfrentarte al luto, a los duelos de la vida. El Eterno te diseñó para esto. Él te formó, te moldeó, te entrenó. No puedes fallar. Lo que necesitas ahora es activar esa memoria. Recordar quién eres. Porque olvidamos. Vivimos con amnesia. Olvidamos lo que está en nuestro ADN espiritual.

Pero Jesús ha viajado al otro lado del lago para despertar la fiera que hay en ti. Como un león, experto en la lanza, como una gacela, moviéndote con destreza en los lugares altos. Estás destinado a caminar en altura.

La oscuridad respondió desde la arena: somos legiones.

Yeshúa el hebreo, al formular su pregunta, quería que el gadareno tomara conciencia del peso espiritual que cargaba. Pastor, ¿cómo entonces puedo comparar y asociar este concepto con mi bagaje espiritual? ¿Qué significa "legión"? Porque una legión puede ser mil, dos mil, pero hay interpretaciones que llegan hasta cinco mil o incluso seis mil. Estamos hablando de legión en términos de un escuadrón romano. Si miras más allá, te darás cuenta de que cuando se abre el expediente del gadareno en Crónicas 12:13, se menciona cómo los hijos de Gad, capitanes del ejército, valían por cien o por mil hombres.

Sabemos cómo ocurrió la liberación del gadareno porque la Torá, en su numerología, revela que 100 es una conciencia baja y mil es una conciencia que rectifica, que paga la deuda. Cuando Yeshúa le preguntó cuál era su nombre, y él respondió "legión", lo que estaba diciendo es que valía por mil. Era el despertar de su pasado profético.

Jesús, el hebreo, era un alma despierta, que enseñaba y hacía solo lo que veía del otro lado.

Esto no tiene que ver con ser judío o con una raza bendita. Tampoco tiene que ver con el judaísmo, porque el judaísmo es una religión. La espiritualidad hebrea trata sobre el despertar de esa alma, que contiene el programa divino para cumplir asignaciones en este plano. Jesús, el hebreo, no vino a convertir a nadie a una religión. Ese no era su propósito; eso sería proselitismo. Su verdadera misión mesiánica era elevar la conciencia con el nombre del Eterno.

Y esa es también la invitación para nosotros hoy: despertar, ver más allá de la legión, y cumplir con la tarea divina que se nos ha encomendado desde el otro lado.

EL JESÚS QUE NUNCA ME PRESENTARON

יֵשׁוּעַ

CAPÍTULO 2

EL SIGNIFICADO
MÍSTICO DE LA CRUZ

Hoy, trabajamos con los secretos de la Torá, ese tejido sagrado que guarda interpretaciones más allá de la superficie, donde cada palabra esconde universos que esperan ser descubiertos. Este no es solo un estudio, es un despertar. Cuando hacemos este ejercicio, penetramos lo visible y accedemos a lo oculto, sacando perlas de sabiduría de lo más profundo del texto. Y esas perlas no solo iluminan nuestra mente, iluminan nuestro camino.

El valor del texto, entonces, no está en lo que se ve a simple vista, sino en lo que podemos revelar trabajando con su verdadera esencia. Así es como accedemos a su verdadero poder. Y este poder no es otra cosa que una transformación interna. Aquí es donde comienza nuestra jornada.

Apreciación del arte

Aprender a observar es la clave, pero no basta con mirar. En mi formación aprendí que una obra de arte, al igual que la Torá, no solo se contempla, se siente. Cada pincelada tiene un motivo, cada forma encierra una verdad más profunda que lo que aparenta. Así mismo ocurre con la Torá: lo que ves a simple vista es solo el envoltorio. Para entender, debes ser capaz de sentir el mensaje, de ver más allá de lo literal.

Y es aquí donde las piezas comienzan a encajar. Al igual que en una galería de arte, cada capítulo de la Torá es una obra maestra que contiene los secretos de su Autor. Cada verso es una puerta, y cada puerta lleva a una revelación. No basta con leer, necesitas adentrarte en su esencia para descubrir su verdadera dimensión.

Aquí, en el mundo occidental, tendemos a verlo todo a través del prisma de nuestra cultura. Todo pasa por el filtro de nuestras experiencias, y eso define cómo interpretamos las verdades que encontramos. Esto no es un obstáculo, sino una oportunidad. Porque a través de nuestras diferencias culturales, podemos descubrir cómo diversas

Jesús M. Torres Jr.

perspectivas apuntan a una misma verdad universal.

El Jesús de Nazaret que conocí en mi niñez, era el Jesús de mis ancestros, el que el cristianismo me presentó. Era un Jesús limitado por un marco occidental, reducido a conceptos y creencias que, aunque formaron la base de mi fe, nunca me mostraron su verdadera magnitud. Lo que conocía era una sombra, un reflejo distorsionado de una figura mucho más grande y profunda.

Pero ahora sé que ese Jesús de Nazaret era mucho más que eso. Era el Jesús hebreo, y esa herencia hebrea es la llave que abre los secretos ocultos en sus enseñanzas. Jesús no vino a fundar una religión, vino a revelarnos un camino. Cada palabra que pronunció tiene raíces profundas en la espiritualidad hebrea, y es ahí donde está el verdadero tesoro. Porque entender a Jesús fuera de este contexto es como admirar un cuadro solo por su marco y nunca descubrir la belleza que encierra dentro.

Jesús cumplió con todas las leyes y preceptos de la Torá. Esto no solo incluía la observancia del Shabat, sino también la celebración de las festividades hebreas y la participación activa en la vida de la comunidad. Jesús no era ajeno a las costumbres de su tiempo; su presencia en la sinagoga, orando cada mañana durante la Shajarit, lo sitúa firmemente en el centro de la vida judía de su época.

El judaísmo en tiempos de Jesús era un crisol de corrientes religiosas, filosóficas y prácticas que coexistían bajo el yugo del Imperio romano. Era una época de agitación social, política y religiosa, donde coexistían fariseos, saduceos, esenios y otros grupos con perspectivas a menudo divergentes. Es en este escenario diverso donde Jesús desarrolló su mensaje.

Muchos esperaban un Mesías, y no era inusual que surgieran figuras que se auto proclamaran como tal. De hecho, más de 200 individuos afirmaron ser el Mesías solo en el siglo I. Aunque la mayoría de estos movimientos se desvanecieron sin dejar un legado significativo, Jesús dejó una huella imborrable.

Cuando hablamos de Jesús el hebreo, no lo limitamos a la imagen de un mesías tradicional. Su misión iba mucho más allá de lo que entendemos como mesianismo en términos estrictamente judíos. Jesús no vino a fundar una nueva religión, sino a renovar y profundizar las enseñanzas de la Torá.

Antonio Piñero y otros estudiosos del cristianismo primitivo nos ofrecen una imagen más completa de Jesús, despojada de mitos y distorsiones posteriores. Jesús vivió profundamente inmerso en las creencias y prácticas de su tiempo, predicando la llegada inminente del Reino de Dios, una intervención divina que transformaría el mundo.

Jesús, el profeta apocalíptico, veía este Reino como una realidad que traería una nueva era de justicia y paz. Y aunque su mensaje resonaba con fuerza en las expectativas mesiánicas de su tiempo, no cumplió con las esperanzas tradicionales de un mesías guerrero que liberara a Israel de Roma. En lugar de ello, nos dejó un legado espiritual que continúa desafiando y transformando a millones alrededor del mundo.

Pero no nos detengamos en la imagen condicionada de Jesús, la que nos han ofrecido pinturas y esculturas. Los artistas del Renacimiento, como Miguel Ángel, intentaron capturar algo de su grandeza, pero Jesús va mucho más allá de cualquier imagen.

> Su verdadero rostro, el Jesús hebreo, se revela en su mensaje de transformación espiritual, de profundización en los secretos de la Torá y de renovación del alma.

El rostro de Jesús ha sido objeto de innumerables interpretaciones a lo largo de los siglos, influenciado por la visión de artistas renombrados como Miguel Ángel. Algunos sostienen que el modelo detrás de las representaciones artísticas del Renacimiento podría haber sido el noble romano Tommaso de Cavalieri, aunque no existe evidencia definitiva que lo confirme. No obstante, lo que este debate refleja es la profunda fijación que el mundo cristiano ha tenido en intentar capturar y conocer la verdadera apariencia de Jesús.

Reconstrucción del rostro de Jesús con inteligencia artificial

En la búsqueda moderna de recrear el rostro de Jesús, se ha recurrido a la tecnología más avanzada. A lo largo de los años, varios estudios han utilizado tanto datos arqueológicos como herramientas de inteligencia artificial para intentar reconstruir un rostro que refleje con mayor precisión a un hombre de Galilea del siglo I.

Uno de los esfuerzos más populares fue el realizado por un proyecto que combinó cráneos semitas antiguos, encontrados en excavaciones en Israel, con técnicas de reconstrucción facial digital. El resultado fue presentado en un documental de la BBC, revelando un Jesús muy diferente al tradicional, con rasgos más propios de los habitantes de Oriente Medio. Esta versión contrastaba notablemente con las representaciones clásicas europeas de un Jesús con ojos claros y piel blanca.

Otro experimento reciente proviene del fotógrafo holandés Bas Uterwijk, quien ha trabajado en la creación de rostros históricos utilizando inteligencia artificial. Su proyecto más famoso fue la creación de un rostro que se viralizó como una posible representación de Jesús. Utilizando el programa Artbreeder, Bas combinó diversas imágenes que tradicionalmente se asocian con Jesús, incluidas las de la Sábana Santa de Turín y la pintura "Salvator Mundi" de Leonardo Da Vinci.

El resultado fue una imagen impactante y sorprendente que, tras varios ajustes, fue refinada teniendo en cuenta características étnicas propias de Oriente Medio hace 2,000 años. Aunque esta representación no pretende ser una imagen exacta, abre una nueva ventana a la exploración de cómo Jesús podría haber sido físicamente.

El Jesús que conocemos y visualizamos ha sido moldeado por siglos de interpretaciones artísticas, culturales y teológicas. Hoy, la tecnología nos ofrece una oportunidad fascinante de reconsiderar esos conceptos y acercarnos más a la realidad histórica de quién fue este enigmático personaje.

Lo que quiero dejar en claro con este tema es que Yeshúa, siendo de nacionalidad judía, vivía bajo los preceptos de la Torá en su totalidad.

Cuando observamos las reconstrucciones visuales o bocetos acerca de Jesús de Nazaret, podemos notar que, con todo respeto, no se asemejan al Yeshúa auténtico, aquel de esencia profundamente hebrea.

Belleza relativa

Es aquí donde podemos reconstruir en nuestra mente

la verdadera imagen de Jesús. No como una figura con rasgos estilizados por la cultura occidental, sino como un hombre judío de la época, con toda la humanidad que lo caracteriza. Este enfoque se basa en estudios que, incluso, remiten a las escrituras, específicamente a Isaías 43:2, que dice:

"Mi siervo creció en la presencia del Señor como un tierno brote verde, como raíz en tierra seca. No había en él belleza ni majestad alguna; su aspecto no era atractivo."

Esta descripción nos invita a ver más allá de la apariencia y concentrarnos en la verdadera esencia del mensaje de Yeshúa, aquel que trasciende lo físico y se manifiesta en su conexión con la Torá y los misterios divinos.

El tema aquí no es estético, sino profundamente espiritual. Cuando hablamos de la Semana Santa, de la crucifixión y del sufrimiento, inevitablemente vinculamos a Jesús de Nazaret con la icónica imagen de la cruz. Sin embargo, debemos detenernos a analizar un punto clave: estamos tratando de comprender a una figura que no encaja completamente en nuestro contexto cultural. Y es precisamente cuando ignoramos este principio que comenzamos a tergiversar la esencia de lo que realmente fue Jesús de Nazaret.

¿La crucifixión fue verídica?

Es emocionante descubrir que hay evidencias extrabíblicas que no solo confirman, sino que amplían nuestra comprensión. Estas evidencias no son solo teológicas, sino también históricas. Antonio Piñero, historiador del cristianismo primitivo, ha realizado un exhaustivo estudio sobre la crucifixión, uno de los pocos eventos en la vida de Jesús sobre los cuales existe un amplio consenso entre los historiadores.

La crucifixión es considerada un hecho altamente probable por varios factores:

1.Testimonios de Fuentes Cristianas y Externas: Además de los Evangelios, la crucifixión es mencionada en otros textos antiguos, como las cartas de Pablo y algunos historiadores romanos como Tácito, lo que refuerza su historicidad.

2.Método de Ejecución Romana: La crucifixión era el método comúnmente utilizado por los romanos para criminales y rebeldes, lo cual encaja perfectamente en el contexto en el que Jesús vivió.

Jesús M. Torres Jr.

3.El Contexto de su Predicación: Desde un punto de vista histórico, el hecho de que los primeros cristianos predicaran sobre la crucifixión de su líder es significativo, dado que era una muerte humillante. Los historiadores señalan que sería improbable que se inventara algo tan deshonroso si no hubiera ocurrido en realidad.

En resumen, Piñero concluye que la crucifixión de Jesús es un hecho altamente probable, aunque advierte que debemos leer los relatos evangélicos con cautela, reconociendo que combinan tanto elementos históricos como interpretaciones teológicas.

La crucifixión no solo era un castigo mortal, sino también un espectáculo público y humillante, diseñado para advertir a otros. En la época de Jesús, Judea era una región plagada de levantamientos contra la ocupación romana, lo que hacía común el uso de la crucifixión. Durante la primera guerra judeo-romana (66-70 d.C.), miles de judíos fueron crucificados, especialmente durante el asedio de Jerusalén, según relata el historiador José Flavio. En ocasiones, tantos judíos eran crucificados que faltaban árboles para construir las cruces.

Aunque no se tiene un registro detallado de todas las crucifixiones de la época, es probable que cientos de personas fueran ejecutadas anualmente bajo este método, especialmente en tiempos de conflicto. En el caso de Jesús, su ejecución, desde una perspectiva histórica, puede entenderse bajo el cargo de sedición, por desafiar tanto la ley judía como la romana.

Los Evangelios combinan motivos religiosos y políticos para justificar la crucifixión de Jesús. Sin embargo, su condena, al menos en el contexto histórico, fue más una cuestión de rebeldía contra la autoridad imperial.

Aquí es donde llegamos al corazón de mi propuesta: encontrar al Jesús "Hebreo" que los textos y la historia esconden detrás de su relato común. Es hora de mirar más allá de la literalidad y escudriñar lo que los ojos comunes no ven.

Observemos con atención la siguiente imagen, que nos invita a reflexionar profundamente.

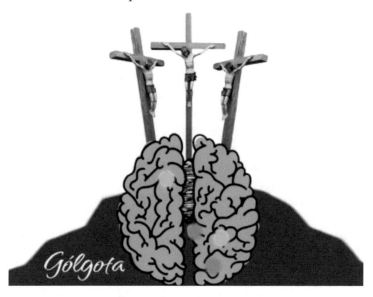

La imagen de las tres cruces encierra un caudal de pensamientos que solo pueden ser liberados por una mente hebrea. A primera vista, esta imagen parece remitirnos a la tradición religiosa de la crucifixión, tal como se describe en los Evangelios, mencionando que Jesús fue crucificado entre dos malhechores.

En Mateo 7:38 leemos: "Entonces crucificaron con él a dos ladrones, uno a la derecha y otro a la izquierda". Este es uno de los primeros pasajes que menciona este hecho. En Lucas se amplía la narración: "Llevaban también con él otros dos, que eran malhechores, para ser muertos". Así llegaron al lugar llamado la Calavera o Gólgota, donde se llevó a cabo la ejecución.

Ahora, observemos con más detalle los elementos claves en esta imagen:

1. El número dos, que aparece en la compañía de malhechores junto a Jesús, destaca una conexión simbólica con la dualidad.

2. La geografía del escenario donde se desarrollan estos hechos, en el lugar llamado Gólgota.

El nombre "Gólgota" proviene del arameo "Gulgaltá", que significa "Lugar de la Calavera". Este término ha suscitado múltiples teorías, una de ellas aludiendo a la forma de la colina, que se asemeja a un cráneo humano. También se sugiere que el lugar albergaba restos humanos visibles, donde las ejecuciones se llevaban a cabo frecuentemente.

Algunas tradiciones cristianas apócrifas sostienen que el cráneo de Adán está enterrado en el Gólgota, mientras otras sugieren que es el cráneo de Goliat el que reposa en este sitio. Más allá de las leyendas, lo cierto es que este lugar enmarca uno de los eventos más profundos de la historia espiritual de la humanidad.

El propósito de esta imagen no es solo remitirnos a la literalidad de la crucifixión, sino ofrecernos las herramientas para activar la conciencia "mashiaj", lo que nos permite ver más allá de lo evidente.

La intención de esta narrativa es elevarnos más allá de la política y las disputas religiosas sobre la identidad de Jesús como mesías. Lo que es indudable, más allá de cualquier título, es que Jesús "El Hebreo" representa una conciencia transformadora. En esta imagen, los dos malhechores no solo son personajes históricos, sino que simbolizan los dos hemisferios del cerebro humano, donde Jesús se posiciona como el equilibrio entre ambos.

> El mensaje es claro: más que
> un simple hecho histórico, es
> un código profundo que activa
> una transformación en nuestra
> percepción espiritual.

La neurociencia nos dice que el cerebro está dividido en dos hemisferios, cada uno especializado en la forma en que procesamos la información. El hemisferio izquierdo suele estar enfocado en el procesamiento del lenguaje y la lógica, mientras que el derecho se dedica a la percepción espacial y a las emociones. Esta dualidad nos proporciona un cerebro resiliente, donde, si uno de los hemisferios falla, el otro puede compensar y asegurar nuestra supervivencia.

Cuando miramos las dos figuras crucificadas al lado de Jesús, no podemos evitar notar que representan dos estados del alma hebrea, simbolizando la lucha interna que todos enfrentamos. En este sentido, Jesús en la cruz se convierte en un puente entre ambos hemisferios, uniendo la lógica y las emociones, permitiendo que nuestra conciencia se eleve.

La crucifixión de Jesús "El Hebreo" no solo debe ser vista desde un punto de vista externo o físico, sino como un acto místico que nos invita a despertar una chispa divina dentro de nosotros. Alcanzar esta conciencia mesiánica es despertar a una nueva realidad más elevada, trascendiendo el ego y los deseos mundanos para alinearnos con los principios divinos.

Pero hay algo más profundo en esta escena. La cruz misma se convierte en una puerta dimensional. No es solo un símbolo de muerte, es un símbolo universal de unión. Las tradiciones místicas veían la cruz como la fusión del universo material y el mundo espiritual. Sus cuatro extremos representaban los elementos: tierra, aire, fuego y agua, uniendo lo divino con lo terrenal.

Así, la crucifixión de Jesús "El Hebreo" trasciende cualquier interpretación superficial. No solo es un evento histórico, sino un portal que nos invita a acceder a una conciencia superior.

La neurociencia nos dice que el cerebro está dividido en dos hemisferios, cada uno especializado en la forma en que procesamos la información. El hemisferio izquierdo suele estar enfocado en el procesamiento del lenguaje y la lógica, mientras que el derecho se dedica a la percepción espacial y a las emociones. Esta dualidad nos proporciona un cerebro resiliente, donde, si uno de los hemisferios falla, el otro puede compensar y asegurar nuestra supervivencia.

Cuando miramos las dos figuras crucificadas al lado de Jesús, no podemos evitar notar que representan dos estados del alma hebrea, simbolizando la lucha interna que todos enfrentamos. En este sentido, Jesús en la cruz se convierte en un puente entre ambos hemisferios, uniendo la lógica y las emociones, permitiendo que nuestra conciencia se eleve.

La crucifixión de Jesús "El Hebreo" no solo debe ser vista desde un punto de vista externo o físico, sino como un acto místico que nos invita a despertar una chispa divina dentro de nosotros. Alcanzar esta conciencia mesiánica es despertar a una nueva realidad más elevada, trascendiendo el ego y los deseos mundanos para alinearnos con los principios divinos.

Pero hay algo más profundo en esta escena. *La cruz misma se convierte en una puerta dimensional.* No es solo un símbolo de muerte, es un símbolo universal de unión. Las tradiciones místicas veían la cruz como la fusión del universo material y el mundo espiritual. Sus cuatro extremos representaban los elementos: tierra, aire, fuego y agua, uniendo lo divino con lo terrenal.

Así, la crucifixión de Jesús "El Hebreo" trasciende cualquier interpretación superficial. No solo es un evento histórico, sino un portal que nos invita a acceder a una conciencia superior.

La cruz, más allá de ser construida con madera, es un símbolo profundo que refleja la estructura misma de la vida. Desde una perspectiva mística y biológica, las cruces son como neuronas, las células que contienen y transmiten la información esencial para la supervivencia del cuerpo y la conexión del alma hebrea.

Las neuronas, como los árboles, tienen una estructura ramificada que permite la comunicación a través de señales eléctricas y químicas. Así como el árbol es vital para el alma humana, la cruz también lo es para el alma en su camino espiritual. No es coincidencia que en la mística se le atribuya al árbol un papel central en la exploración del alma hebrea.

Dentro de esta visión mística, la letra hebrea "Vav", presente en las tres cruces, actúa como un nexo, una conexión divina entre lo espiritual y lo terrenal. "Vav", que significa "y" en hebreo, no es solo una conjunción, sino un gancho que conecta y sostiene realidades opuestas: lo alto con lo bajo, el cielo con la tierra.

La forma visual de la letra "Vav" como una línea vertical refuerza su simbolismo como un canal de energía divina, un rayo de luz que desciende del cielo para penetrar y transformar la tierra. Esta letra juega un papel clave no solo en el alfabeto hebreo, sino también en la representación de la unión sagrada entre el mundo divino y el mundo humano.

Es tan importante que ocupa la tercera posición en el sagrado nombre del Eterno (YHVH). Es la columna vertebral que conecta a las letras "hei" con la "yud", simbolizando el equilibrio perfecto entre los planos superiores y los inferiores.

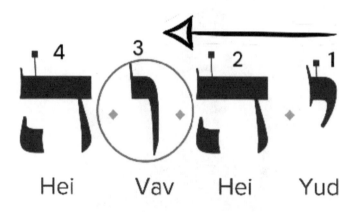

La letra "Vav", desde esta perspectiva mística, ofrece una clave oculta que reinterpreta la crucifixión como una obra de arte cósmica. Si observamos la imagen detenidamente, notamos que las tres cruces están vinculadas a tres letras "Vav". Esta conexión no es casual, ya que la "Vav" en hebreo representa tanto un número como una letra, y su valor numérico es el número 6.

Curiosamente, el número 666, a menudo cargado de connotaciones negativas en las tradiciones occidentales, se despliega aquí como un símbolo de transformación. Lejos de ser un número asociado con la maldad, en la mística hebrea el 666 revela un código de transmutación y un profundo llamado a la evolución espiritual. Es un número que invita a desbloquear los misterios del alma humana y elevarla hacia su propósito divino.

En la gematría, el arte místico de asignar valores numéricos a las letras hebreas, la letra "Vav" representa el número 6, y al ser repetida tres veces, nos brinda una nueva perspectiva sobre el significado real detrás del "666".

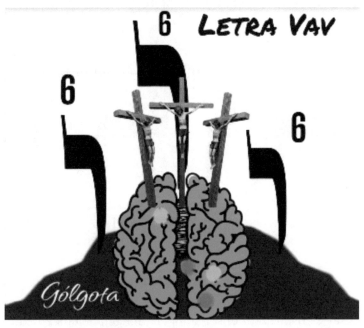

La "vav" es más que un simple número; es un símbolo de conexión, el puente entre lo divino y lo terrenal, lo espiritual y lo material. Al repetirse tres veces en el número 666, estas tres "vav" representan una manifestación completa

Jesús M. Torres Jr.

y total de este proceso de conexión en los tres planos principales de la realidad humana: el físico, el mental y el espiritual.

Este triple 6, entonces, no es un mero número, sino un reflejo de la energía creativa en su máxima expresión.

Es el símbolo de la materia, del plomo espiritual en oro divino, un proceso alquímico en el que lo denso y egoico es purificado y elevado a través del fuego del espíritu. En este contexto, el 666 se convierte en un código de transformación integral, donde cada aspecto de nuestra existencia es elevado, reconciliado finalmente, e integrado en una unidad mayor.

La repetición del número 6 evoca los seis días de la creación, simbolizando el ciclo completo de la manifestación en el mundo material. El 666, por lo tanto, actúa como un código para la integración del ser, un proceso mediante el cual los dispersos de nuestra vida y conciencia se unen en un todo coherente y armonioso. En este sentido, la esencia de la transformación mística, tanto en lo divino como en lo material, es práctica, se reconcilia con su naturaleza divina y se eleva hacia una conciencia superior.

Dentro del contexto cristiano, particularmente en relación con la figura de Yeshúa (Jesús el hebreo), el 666 puede ser visto como un código para el despertar de la conciencia crística. Jesús, a través de su sacrificio en la cruz, se convierte en la "vav" que conecta a la humanidad con la divinidad, y su crucifixión simboliza el acto supremo de transformación y transmutación. Es en este acto donde el 666 se revela como un patrón oculto de elevación espiritual, no como un símbolo de caída, sino como la clave para la redención y la reconexión con el Creador.

Finalmente, en las tradiciones esotéricas, el número 6 se asocia con la dualidad, con la lucha entre los opuestos. El 666, en su triple manifestación, representa el proceso de reconciliación de estas polaridades, tanto dentro del microcosmos humano como en el macrocosmos universal. La integración de estas dualidades es central en el camino hacia la transformación, donde la luz y la sombra se unen para formar una conciencia integrada y unificada.

Este código de transformación, simbolizado por el 666, no es solo un concepto abstracto. Es un llamado a la acción espiritual, a la meditación profunda y a la práctica consciente que busca activar estas conexiones dentro de nuestro ser. Al comprender y aplicar este código, uno puede comenzar el proceso de transmutación, elevando la conciencia desde los planos más densos de la materia hacia la luz pura de la humanidad.

Ahora logro contemplar en este cuadro, y lejos de la negatividad preasociada al anticristo, veo 3 letras vav que encierran "reconexión divina" por lo que se identifica en la teología como pacto que también se encierra en el valor numérico del 3.

Esto activa el cerebro espiritual y reunifica los hemisferios del cerebro que a su vez activan la conciencia mesiánica. Mire el concepto de "apreciación del arte" como técnica de interpretación, ¡todo lo que podemos hacer!

El Mesías Interno

Como dato añadido, las 3 letras "vav" literalmente se miran desde los secretos de la Torá como 3 clavos debido a sus trazos o dibujo.

Todavía podemos poner lupa a este cuadro y deseo revelar que las letras "vav" están vinculadas a los 3 órganos vitales: el cerebro, el corazón y el hígado.

Estos órganos no solo son vitales para la vida física, sino

Jesús M. Torres Jr.

que también tienen un profundo significado espiritual en la tradición hebrea y la mística.

Cada órgano, al cumplir con su función, refleja una faceta del gobierno divino: el cerebro como la sabiduría, el corazón como el amor y la compasión, y el hígado como el poder y la justicia.

En este sentido, el ser humano es un microcosmo en el que se refleja la presencia y el reinado de Hashem.

1. Cerebro (mente) - Primera letra vav: El cerebro es el centro del pensamiento, la conciencia y la conexión intelectual con lo divino. En la crucifixión, la primera vav representa la reconexión de la mente con la sabiduría y los secretos de la Torá.

2. Corazón (emociones) - Segunda vav: El corazón simboliza las emociones y el amor. Este contexto indica la reconexión del corazón con la matriz divina, alineando nuestras emociones con el amor y la misericordia que emanan de la fuente divina.

3. Hígado (acción) - Tercera vav: El hígado está asociado con la acción y la manifestación en el mundo físico. Sugiere la reconexión de nuestras acciones con la voluntad divina, permitiendo que nuestras obras sean una extensión de lo sagrado.

Estos órganos también simbolizan la purificación del ser a través del sufrimiento o la transformación espiritual. Cuando estos órganos son "crucificados" metafóricamente, pasan por un proceso de purificación donde las energías más densas y materiales son elevadas hacia un estado más refinado espiritualmente.

El Gólgota es un Espacio Sagrado para la Meditación

En el mundo meditativo de las letras hebreas siempre se recomienda tener un lugar para meditar en tu makom kadosh (espacio sagrado). Este es para estar libre de distracciones y apagar las voces internas.

Cuando un alma hebrea medita en los 3 órganos usando las letras hebreas, está utilizando estas letras como herramientas para activar y armonizar las energías dentro de cada órgano, permitiendo una conexión más profunda con lo divino y promoviendo un equilibrio energético en el cuerpo.

El Útero Divino Está Dentro de su Cerebro Humano

Cerebro es Moaj מוח y la letra inicial mem configura un vientre o útero humano que desde una perspectiva bioenergética, regula la energía eléctrica y la actividad mental. Meditar en el cerebro con la letra mem puede ayudar a sintonizar la mente con frecuencias energéticas superiores, elevando el nivel de conciencia y potenciando la capacidad del discernimiento.

El Golgota, o "Lugar de la Calavera", no es solo un escenario físico, sino un espacio sagrado donde se produce una profunda transformación espiritual. En este espacio meditativo, los tres órganos vitales, el cerebro, el corazón y el hígado, se convierten en puertas hacia una purificación más elevada.

La conexión de estos órganos con las letras hebreas y su simbolismo no solo actúan en el plano físico, sino que permiten activar una energía espiritual poderosa. Cada órgano, al ser sintonizado con su respectiva letra hebrea, regula flujos energéticos que nos alinean con las dimensiones divinas.

Jesús M. Torres Jr.

En la tradición hebrea, el cerebro o Moaj está relacionado con la letra inicial Mem, que configura un vientre o útero en el cerebro humano. Desde una perspectiva bioenergética, esta letra regula la actividad mental y la energía eléctrica del cerebro. Meditar en el cerebro con la letra Mem eleva el nivel de conciencia, sintonizando nuestra mente con frecuencias superiores. Al hacer esto, el cerebro actúa como un útero divino que da nacimiento a pensamientos alineados con el conocimiento de la Torá.

El corazón, en hebreo Lev לֵב; asociado con la letra Lamed, representa la enseñanza y el liderazgo divino. Este órgano genera un campo electromagnético que no solo influye en el cuerpo, sino que extiende su energía más allá, conectando el amor personal con la misericordia divina. Meditar en el corazón con la letra Lamed amplifica y purifica las emociones, conectándonos con una energía de amor altruista.

El hígado, en hebreo Kaved כָּבֵד; asociado con la letra Kaf, representa la acción y el poder de la voluntad. Este órgano está relacionado con los deseos y su purificación. Meditar en el hígado con la Kaf refina nuestras acciones y nos guía hacia la manifestación de la voluntad divina en el mundo físico.

El Jesús hebreo y la crucifixión como activación espiritual

En este contexto, la crucifixión, más allá de su interpretación histórica, representa una crucifixión de los tres órganos vitales. Jesús, al someter estos órganos a la cruz, activa un proceso de purificación y transformación espiritual que trasciende el ego y nos eleva a un estado de conciencia superior. A través de este sacrificio simbólico, el ser humano puede liberar sus energías densas y conectarse con lo divino.

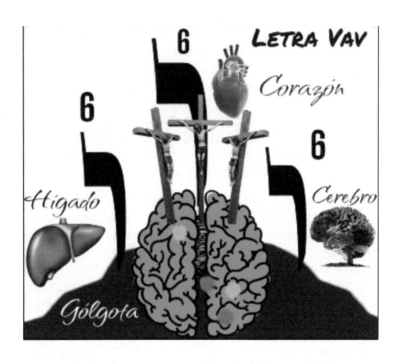

El Jesús metafísico de la Pascua hebrea

La Pascua, o Pesaj, es mucho más que una festividad histórica. Es una puerta de transformación, una oportunidad para que cada uno de nosotros pueda conectarse con el milagro de la libertad espiritual y física. Esta celebración no es solo el recuerdo de la liberación de los israelitas de la esclavitud en Egipto; es una invitación personal para que cada uno de nosotros pase por su propia Pascua, su propio Pesaj, y experimente un momento crucial de renovación, liberación y trascendencia.

Cada año, durante esta celebración, se marca algo profundo en el alma: el sacrificio del cordero pascual, la marca en los Marcos de las puertas con su sangre, no solo brindaba protección a los israelitas; también les mostraba el camino hacia la libertad completa, tanto en el plano físico como

Jesús M. Torres Jr.

en el espiritual. Esta conexión es poderosa, porque no solo afecta al pueblo de entonces; afecta a tu propia vida, aquí y ahora. ¿Te has detenido a pensar cuántas veces has necesitado marcar tus puertas para proteger lo más sagrado en ti?

En la tradición cristiana, el cordero no es solo un símbolo. Es un recordatorio de la figura de Jesús, el cordero de Dios, cuyo sacrificio no solo ofrece protección, sino que transforma, eleva y libera a cada alma que está lista para trascender los límites del ego y entrar en una comunión más profunda con lo divino.

Los clavos en la cruz de Jesús no fueron solo instrumentos de sufrimiento; fueron herramientas poderosas, símbolos de la creación de portales espirituales. Estos portales no son imaginarios, son reales, son puertas que pueden abrirse en tu vida. Al igual que los israelitas marcaron los Marcos de sus puertas con sangre para ser protegidos, esos clavos representan la protección y la transformación de todo aquel que busca caminar por ese sendero hacia lo divino.

Las puertas que abres hoy en tu vida, como esas cruzadas por Jesús, son umbrales hacia dimensiones más elevadas de conciencia y existencia. ¿Te atreves a cruzarlas? La cruz no es solo un evento histórico; es una llave, un mapa que te invita a mirar más allá de lo visible y entrar en la dimensión donde la libertad espiritual y la unidad con el divino se vuelven una realidad tangible.

Los secretos del Jesús Hebreo

Como crucificado, Jesús cargó previamente una cruz pero en realidad, era mucho más que una simple cruz. Esa cruz también era un mensaje codificado con letras hebreas, cada una revelando secretos profundos.

En el libro de Mateo 16:24, Yeshua habla a sus seguidores, los talmidim, diciendo: *Si alguien quiere ser mi seguidor, tiene que renunciar a sí mismo, aceptar la cruz que se le da y seguirme. Cualquiera que quiera venir en pos de mí, tome su cruz y sígame.* Esta no es solo una invitación a seguir a Yeshua, es un llamado a entender la profundidad de esa cruz que llevamos cada uno de nosotros, a través de nuestra propia vida y desafíos.

Dimensiones de la cruz

En la historia, la cruz que Jesús cargó probablemente era una Crux Immissa (†), una cruz con poste vertical y travesaño, símbolo de la intersección entre lo divino y lo humano. Aquí no solo estamos hablando de dimensiones físicas, sino también espirituales. Los detalles que encontramos sobre esta cruz revelan el esfuerzo físico que representó:

- Patibulum (travesaño-horizontal):

  - Longitud: 5 a 6.5 pies (1.5 a 2 metros)

  - Peso estimado: 66 a 110 libras (30 a 50 kilogramos)

- Stipes (poste vertical):

  - Altura total: 8 a 10 pies (2.5 a 3 metros), de los cuales 6.5 a 7 pies (2 a 2.1 metros) sobresalían del suelo.

  - Peso total estimado (Patibulum + Stipes): 154 a 198 libras (70 a 90 kilogramos)

Jesús habría cargado el Patibulum, que pesaba entre 66 y 110 libras, por una distancia de aproximadamente 2,000 pies (0.4 millas) desde las calles de Jerusalén hasta el lugar de la crucifixión, el Gólgota. Este acto físico tiene un impacto espiritual mucho mayor. Aquí, cada paso representa una apertura de un universo interno, donde cada detalle se convierte en una llave para descubrir el mensaje más profundo de la cruz.

Jesús M. Torres Jr.

No podemos ver la cruz solo
como un símbolo de sufrimiento;
es mucho más que eso. En cada
medida, en cada peso, en cada
paso que Jesús dio, hay un
código espiritual que nos invita a
desentrañar.

Este es el Jesús hebreo que nunca nos presentaron: un maestro que nos revela los secretos escondidos en cada acto, en cada letra de la Torá que está presente incluso en el madero que cargó.

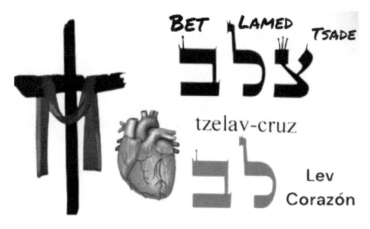

La cruz que Jesús llevó no solo era física, era también una expresión de la lucha espiritual interna de cada ser humano. A través de ella, Yeshua nos invita a cargar con nuestra propia cruz, no como un peso que nos aplasta, sino como una oportunidad para trascender, crecer y encontrar nuestra verdadera conexión con lo divino.

Redescubriendo la esencia sagrada de la cruz desde el hebreo

Contemplemos la profunda belleza que hemos desvelado al explorar la cruz, no como un mero símbolo de sufrimiento, sino como una manifestación sagrada cuando la vemos desde su esencia hebrea.

Para comprender verdaderamente lo que significa la cruz, debemos remontarnos al hebreo, donde su significado trasciende las connotaciones de maldición impuestas por los verdugos romanos. En lugar de centrarnos en la interpretación romana, volvamos nuestra atención hacia la sabiduría ancestral del hebreo, donde la cruz revela su propósito más elevado.

En la profundidad del hebreo, la cruz no es simplemente una estructura; es una conexión espiritual. Al mirar la cruz a través del lente hebreo, descubrimos que está compuesta por las letras Tzadiq (צ), Lamed (ל), y Bet (ב). Estas letras, leídas en su sagrada dirección, de derecha a izquierda, forman la palabra tselav (בלצ), que literalmente significa "cruz" pero que simboliza mucho más.

El corazón es el centro de la cruz

Al desentrañar la palabra tselav, encontramos un secreto profundamente impactante: las últimas dos letras, Lamed (ל) y Bet (ב), que en hebreo significan "corazón".

Aquí yace una verdad sutil pero poderosa: La cruz, en su esencia hebrea, no solo se refiere a una estructura física, sino que es un símbolo de la conexión entre el corazón y el alma, un puente que une lo físico con lo divino.

En este contexto, cuando Jesús cargaba la cruz hacia el Gólgota, no solo llevaba un madero sobre sus hombros; cargaba las letras hebreas que formaban la esencia de la cruz, las mismas letras que componen la palabra tselav, el corazón mismo de este símbolo. Jesús, en su sacrificio, no solo soportaba el peso físico de la cruz, sino también el peso espiritual de la conexión entre el alma y el propósito divino.

Cuando Jesús dice "toma tu cruz", ya sabemos que la cruz no es un objeto de maldición desde esta perspectiva hebrea.

La cruz a la que se refiere Jesús el hebreo no es simplemente un símbolo externo de sufrimiento, sino una referencia directa a lo que cargamos en nuestro interior, especialmente ese peso emocional y mental llamado ego.

El verdadero desafío de cargar la cruz hace referencia a la necesidad de trascender el ego, elevándonos por encima de los deseos egoístas y las limitaciones del mundo material.

El ego, en la perspectiva de los secretos de la Torá, es visto como la barrera que nos separa de nuestra esencia divina.

Es el constructo mental y emocional que se forma a partir de la vida, donde se asienta la ilusión del "yo" separado del Todo. Este ego no es el yo verdadero, sino una versión distorsionada, que surge del miedo, la inseguridad y el deseo de control. Es el "yo" que se identifica con lo material, con apariencias externas, alejándonos de nuestra verdadera identidad como seres espirituales.

La mística enseña que el ego es la raíz de todo sufrimiento porque crea un falso sentido de identidad que vive en la dualidad y la separación. Este ego nos lleva a vivir en un estado de constante conflicto interno, buscando validación externa y seguridad en cosas que son impermanentes.

La cruz entonces se convierte en un símbolo de la batalla interna contra el ego, donde cada persona está llamada a "crucificar" este falso yo para poder resucitar en su verdadera naturaleza espiritual.

Pero la trascendencia del ego no es una tarea fácil. En la mística hebrea se reconoce que el ego tiene una función: "Nos protege y nos da sentido de individualidad necesaria para navegar en el mundo material." Sin embargo, cuando se deja sin control, el ego puede dominar nuestra vida, alejándonos de la mente superior y de nuestra verdadera asignación de vida.

El proceso de enfrentar y transformar el ego

El proceso de enfrentar y transformar el ego es comparado con la refinación del oro en el fuego. Así como el metal debe pasar por el crisol para purificarse de sus impurezas, el ser humano debe confrontar su ego para desprenderse de las ilusiones y limitaciones que lo atan al mundo material.

Jesús, comprendiendo esta dinámica profunda, enseñó que "tomar la cruz" es aceptar este proceso de purificación, de permitir que el fuego de la adversidad, simbolizado por el ego, queme las falsedades y revele la pureza del espíritu.

Al entender el ego como una oportunidad, Jesús también reconoció la importancia de la responsabilidad personal en el camino espiritual. No se trata de culpar a las fuerzas externas, sino de reconocer que el verdadero adversario está dentro de nosotros: nuestras propias inclinaciones egoístas. Y es precisamente en este reconocimiento donde se encuentra la oportunidad de redención y crecimiento. La cruz, entonces, se convierte en el símbolo del compromiso de transformar el ego en un aliado para la elevación espiritual, en lugar de permitir que siga siendo un obstáculo.

> No se trata de aniquilar la
> identidad personal, sino de
> refinarla y alinearla con la
> voluntad divina.

Por esta razón he colocado, en la parte izquierda de la foto, el icono, la simbología de la cruz. Pero he añadido un corazón porque la palabra "tselav", en sus últimas dos letras, al descomponerse forma la palabra "corazón".

Es conocido que el corazón no es solo un órgano físico, sino el asiento del alma, el lugar donde se encuentra la chispa divina, la Neshamá, que conecta al ser humano con la fuente celestial. El ego reside también en el corazón, pero su aspecto inferior, en el Lev Rah, el corazón malo, que debe ser transformado en Lev Tov, el corazón bueno.

La letra tsade como clave de acceso

El concepto de Tzadik en la Kabala judía es central para comprender la enseñanza de Jesús sobre la cruz. Un Tzadik es un "justo", una persona que ha logrado un equilibrio perfecto entre su naturaleza humana y su conexión divina. En los secretos de la Torá, el Tzadik es visto como un pilar del mundo, alguien cuya rectitud y justicia sostienen la creación misma.

La idea de Lev Tzadik, o "corazón justo", se refiere al estado de pureza y justicia interior que un Tzadik manifiesta. No se trata solo de acciones justas, sino de un estado del ser en el que el Tzadik es un reflejo de la voluntad divina.

Lo que hemos desvelado hasta este punto no solo redefine el símbolo de la cruz, sino que nos invita a una introspección profunda sobre lo que realmente duele cuando sentimos sufrimiento en nuestras vidas. No es el alma la que duele, es el ego, esa parte de nosotros que se aferra a las expectativas externas, a las identidades ilusorias y a la validación de los demás.

> "Lo que duele es el ego, esa parte de nosotros que se aferra a las identidades y a las validaciones externas."

Jesús, con su enseñanza hebrea, no vino a promover un culto al sufrimiento, sino a enseñar el camino de la conexión, tanto con el Creador como con nuestro prójimo. La cruz, desde esta perspectiva, no es solo una herramienta de sacrificio físico, sino un poderoso recordatorio de que, en el acto de soltar el ego, es donde se encuentra nuestra verdadera libertad. Es una conexión que une el cielo con la tierra, el alma con la justicia divina, y las personas entre sí.

Observa cómo el cruce de estas dos relaciones –la vertical entre el ser humano y el Creador, y la horizontal entre el ser humano y los demás– forman la verdadera cruz. Cuando ambas relaciones están equilibradas, nos movemos desde un estado de dualidad y sufrimiento hacia un estado de unidad y plenitud espiritual.

Jesús M. Torres Jr.

"No se trata de dolor ni de sacrificio innecesario, sino de una liberación profunda del yo ilusorio que nos aleja de nuestra verdadera esencia."

Así como Jesús cargó su cruz, también nos invita a nosotros a crucificar nuestro ego, a través de una profunda transformación de la conciencia, para renacer en un estado de justicia, amor y sabiduría. Esta es la verdadera enseñanza detrás de la cruz que nos muestra Jesús el hebreo: un símbolo de redención y unificación espiritual.

Habiendo desvelado el profundo simbolismo de la cruz y su capacidad para purificar el alma y trascender el ego, ahora estamos preparados para explorar el siguiente secreto: el Cerebro del Mashiaj. Al igual que la cruz simboliza la conexión entre lo divino y lo terrenal, el cerebro es el lugar donde se integran los misterios más profundos de la conciencia mesiánica. En el siguiente capítulo, nos adentraremos en cómo el cerebro humano es una herramienta sagrada, diseñada para recibir e interpretar la luz que lleva al despertar espiritual del Mashiaj interior.

EL JESÚS QUE NUNCA ME PRESENTARON

יֵשׁוּעַ

CAPÍTULO 3

EL CEREBRO DEL

MASHIAJ

En un mundo que a menudo nos fragmenta y divide, tanto mental como espiritualmente, el alma busca unidad y equilibrio. Jesús el hebreo, profundamente conectado con la mística hebrea y con una visión holística de la vida, nos dejó un camino para lograr esa unidad interna. El concepto de Mashiaj (Mesías), tan fundamental en la tradición hebrea, se refiere no solo a una figura redentora futura, sino también a un estado de conciencia que podemos activar dentro de nosotros mismos. Este capítulo explorará cómo podemos despertar el "Cerebro del Mashiaj", integrando nuestros hemisferios cerebrales derecho e izquierdo, y cómo las enseñanzas integradoras de Jesús el hebreo y los secretos de la Torá, junto con la neurociencia moderna, nos guían en este proceso de unificación y plenitud.

El Cerebro Humano y la Necesidad de Unificación

El cerebro humano, dividido en dos hemisferios, refleja una estructura dual que constantemente busca integrarse. El hemisferio izquierdo, conocido por su enfoque en la lógica, el análisis y la organización, se complementa con el hemisferio derecho, que es el reino de la intuición, la creatividad y la percepción holística. En la espiritualidad hebrea, esta dualidad cerebral es un espejo de la realidad humana: el desafío constante de equilibrar lo racional y lo emocional, lo material y lo espiritual, para lograr la plenitud.

Cuando leemos en Génesis 1:27 que "Dios creó al ser humano a Su imagen, varón y hembra los creó", descubrimos que esta imagen es un llamado a la unidad. Jesús el hebreo no solo enseñaba esta integración, sino que la vivía, invitándonos a fusionar nuestras facultades mentales y espirituales en un todo unificado, tal como se expresa en el concepto hebreo de "Ejad" (uno).

Este principio de dualidad reflejado en los hemisferios cerebrales también aparece en muchas historias de la Torá. Vamos a explorar algunas de ellas, observando cómo nos ofrecen una guía para la reconciliación de los opuestos.

Caín y Abel

Caín y Abel, dos hermanos cuyas trayectorias representan un profundo conflicto entre lo material y lo espiritual. Caín, el agricultor, está anclado en la tierra y lo físico, mientras que Abel, el pastor, se orienta hacia lo etéreo y lo espiritual. Así como los hemisferios del cerebro tienen funciones diferentes, Caín podría simbolizar el hemisferio izquierdo, centrado en lo racional y práctico, mientras que Abel refleja el hemisferio derecho, orientado hacia lo intuitivo y espiritual. La tragedia entre ellos nos recuerda la importancia de equilibrar estos aspectos, evitando que uno domine al otro.

Jesús M. Torres Jr.

Jacob y Esaú

Los gemelos Jacob y Esaú encarnan otro ejemplo clásico de dualidad. Jacob, "el hombre de las tiendas", representa el pensamiento introspectivo y contemplativo del hemisferio derecho, mientras que Esaú, "el hombre del campo", encarna la acción impulsiva del hemisferio izquierdo. A través de sus conflictos y eventual reconciliación, se nos revela la necesidad de integrar tanto la quietud interna como la acción externa, creando un balance armónico en nuestra psique.

Moisés y Aarón

Moisés y Aarón, dos líderes que equilibran lo divino y lo ritual. Moisés, el profeta visionario, se conecta directamente con la intuición y la sabiduría divina del hemisferio derecho. Aarón, como sacerdote, es quien lleva esta conexión a la tierra, estructurando y organizando la espiritualidad a través del ritual, similar al hemisferio izquierdo que traduce ideas abstractas en acciones concretas. Juntos, simbolizan la unión de lo trascendental con lo práctico.

El Árbol del Conocimiento y el Árbol de la Vida

Estos dos árboles del Jardín del Edén son otra representación de la dualidad humana. El Árbol del Conocimiento puede verse como una metáfora para el hemisferio izquierdo, que busca el discernimiento, mientras que el Árbol de la Vida está alineado con el hemisferio derecho, que representa la sabiduría espiritual y la eternidad. Así, la Torá nos llama a unir ambos árboles, o ambos hemisferios, para alcanzar el verdadero entendimiento y la conexión divina.

Este flujo nos lleva a una comprensión profunda de cómo las historias de la Torá, al igual que nuestro propio cerebro, están diseñadas para encontrar unidad en la dualidad. De la misma manera, el "Cerebro del Mashiaj" opera en este plano, integrando ambos hemisferios para activar un estado superior de conciencia en cada uno de nosotros.

En el Jardín del Edén, hay dos árboles centrales: el Árbol del Conocimiento del Bien y del Mal (dualidad, hemisferio izquierdo) y el Árbol de la Vida (unidad, hemisferio derecho).

La historia de Adán y Eva gira en torno a su relación con estos árboles, simbolizando el equilibrio necesario entre el conocimiento (dualidad, análisis) y la vida (unidad, síntesis).

Este patrón de dualidad, que se repite en la Torá, puede verse como un código oculto que subraya la importancia de la armonía entre fuerzas opuestas.

Los hemisferios del cerebro funcionan de manera similar: el hemisferio izquierdo es analítico, secuencial y lógico, mientras que el derecho es intuitivo, holístico y creativo.

La Torá parece enseñarnos, a través de estos relatos dobles, que el ser humano necesita integrar ambos aspectos para alcanzar una vida equilibrada y plena. La dualidad en la Torá, como la lucha entre Caín y Abel, Jacob y Esaú, o la coexistencia de Moisés y Aarón, no es solo un conflicto, sino una invitación a trascender la división y encontrar la unidad. Así como los hemisferios del cerebro deben trabajar juntos para una función cerebral óptima, las polaridades presentadas en la Torá nos invitan a buscar una síntesis que trascienda la simple dualidad.

Aquí ofrezco algunos ejemplos adicionales que podrían resonar con esta línea de pensamiento:

Día y Noche / Conciencia y Subconsciencia

Así como el día y la noche alternan entre la luz y la oscuridad, nuestros hemisferios cerebrales alternan entre la conciencia (hemisferio izquierdo, más analítico y lógico) y la subconsciencia (hemisferio derecho, más intuitivo y creativo). Esta dualidad es esencial para el equilibrio en nuestras vidas, al igual que lo es para el planeta.

Sol y Luna / Alma y Cuerpo

El sol y la luna son dos luces celestiales que gobiernan el día y la noche, respectivamente. En el ser humano, el espíritu podría compararse con el sol (fuente directa de luz y energía), mientras que el alma podría ser como la luna (que refleja y modula la luz espiritual). Ambos son necesarios para la vida y la integridad.

Este y Oeste / Pasado y Futuro

En el planeta, el este y el oeste son direcciones opuestas que pueden simbolizar el pasado y el futuro. En el contexto de la Torá y el Nuevo Testamento, la Torá podría ser vista como el "este" (el pasado, los cimientos), y el Nuevo Testamento como el "oeste" (el futuro, la expansión y actualización). Ambos son necesarios para una visión completa de la revelación divina.

Polo Norte y Polo Sur / Justicia y Misericordia

Los polos norte y sur del planeta representan extremos opuestos pero complementarios. De manera similar, la justicia y la misericordia son dos atributos divinos que se equilibran mutuamente, como lo hacen los hemisferios del cerebro cuando trabajan en armonía.

Escritura de la Torá: De Derecha a Izquierda

La Torá, el texto sagrado de la tradición hebrea, se escribe de derecha a izquierda. Este no es solo un detalle técnico, sino que tiene un profundo significado espiritual y neurológico. Es un reflejo del movimiento de la energía desde el hemisferio derecho, que simboliza la intuición, la espiritualidad y la creatividad, hacia el hemisferio izquierdo, que representa la lógica, la estructura y la concreción. Este flujo de derecha a izquierda en la escritura de la Torá es un símbolo de cómo debemos integrar nuestras percepciones espirituales con nuestro pensamiento lógico, unificando nuestras mentes y corazones para vivir en plena armonía.

El concepto de neuroplasticidad ha cambiado nuestra comprensión del cerebro. Después de un daño cerebral, una parte del cerebro puede quedar dañada, afectando la función motora o cognitiva. Los fisioterapeutas utilizan la parte del cuerpo que sigue funcionando para ayudar a recuperar la función en la parte afectada, aprovechando la capacidad del cerebro para formar nuevas conexiones. Este proceso es una poderosa metáfora para nuestro crecimiento espiritual.

En nuestro proceso espiritual, podemos ver al hemisferio derecho—la parte viva de nuestro cerebro—como una fuente inagotable de inspiración espiritual, creatividad e intuición. Jesús el hebreo enseñó que esta parte viva debe revitalizar la parte estructurada, pero a veces desconectada, representada por el hemisferio izquierdo. Génesis 2:7 nos recuerda que Dios sopló en el hombre el "aliento de vida", una metáfora de la chispa divina que activa nuestra conciencia y nos guía hacia la unificación interna.

Jesús el hebreo, a través de su visión integradora y sus movimientos en la Tierra Santa, modeló la unificación interna que todos estamos llamados a buscar. Sus parábolas y actos simbólicos eran herramientas para activar el equilibrio en nuestros cerebros, unificando la razón y la intuición.

Las parábolas de Jesús el hebreo son manifestaciones de su enfoque holístico, integrando la lógica y la emoción. Por ejemplo, la parábola del Buen Samaritano no solo nos enseña sobre la compasión, sino que también nos invita a trascender nuestros prejuicios lógicos y culturales. Jesús el hebreo usaba estas historias para activar ambos hemisferios cerebrales, promoviendo la reconciliación interna que es clave para despertar el cerebro del "Mashiaj".

La reconciliación interna es clave para despertar el cerebro del "Mashiaj".

Movimiento Geográfico y Espiritual de Jesús el Hebreo

AL MOVERSE DE GALILEA A JERUSALÉN, JESÚS EL HEBREO NO SOLO RECORRÍA UN ESPACIO FÍSICO, SINO QUE TAMBIÉN SIMBOLIZABA UN CRUCE ESPIRITUAL.

Geográficamente, se movía de derecha a izquierda, un acto que simboliza el movimiento desde la misericordia hacia la justicia, desde la compasión hacia la rectificación. Este movimiento espiritual es un modelo para nuestro propio viaje hacia la unidad interna.

Cruce del Mar Rojo (Éxodo 14:21)

Este evento es una metáfora poderosa del cruce espiritual desde la esclavitud a la opresión a la liberación, un proceso similar al cruce espiritual que Jesús el hebreo modeló al moverse en la Tierra Santa, llamándonos a hacer lo mismo en nuestro viaje espiritual.

La Pesca Milagrosa y el lado Derecho (Juan 21:6)

En otra ocasión, después de una noche infructuosa de pesca, Jesús el hebreo les dice a sus discípulos que tiren la red al lado derecho del barco. Cuando lo hacen, la red se llena milagrosamente de peces. Es importante aclarar que un milagro, desde esta perspectiva, se entiende como un fenómeno que no puede ser explicado por las leyes físicas convencionales; es, en esencia, un acto metafísico.

El lado derecho del cuerpo está controlado por el hemisferio izquierdo del cerebro, que se asocia con la lógica, la estructura y la toma de decisiones prácticas. Al pedirles que tiren la red a la derecha, Jesús el hebreo está simbolizando la importancia de la acción dirigida, estructurada y disciplinada. Sin embargo, esto no implica que el hemisferio izquierdo actúe solo; de hecho, para que la pesca sea exitosa, ambos hemisferios deben trabajar juntos. El derecho proporciona la intuición y la sensibilidad necesarias para "sentir" el momento correcto para lanzar la red.

Este milagro nos enseña que el cerebro Mashiaj no es simplemente un hemisferio funcionando de manera aislada, sino la unificación y el trabajo conjunto de ambos hemisferios. Cada hemisferio tiene su función, pero es la integración de ambos lo que lleva a resultados milagrosos y plenitud en nuestras acciones. Jesús el hebreo, al instruir a sus discípulos a lanzar la red a la derecha, estaba modelando la importancia de la cooperación entre lógica e intuición, disciplina y creatividad.

Adán y Eva – Un Modelo de los hemisferios cerebrales

La historia de Adán y Eva en la Torá no solo es un relato sobre la creación de la humanidad, sino también una metáfora profunda sobre los hemisferios cerebrales y la necesidad de su unificación. Como ya hemos visto, el concepto del hebreo como "el que cruza del otro lado" nos ofrece una perspectiva sobre cómo estos hemisferios deben interactuar y complementarse para lograr un equilibrio y plenitud.

Adán, creado primero, representa el hemisferio derecho del cerebro. Este hemisferio está asociado con la intuición, la creatividad y la conexión directa con lo divino. Adán fue creado del polvo de la tierra, pero recibió el aliento de vida directamente de Dios, simbolizando la conexión profunda con la fuente de la vida.

Eva, creada a partir de la costilla de Adán, representa el hemisferio izquierdo. Este hemisferio está relacionado con la lógica, el análisis y la estructura. Eva fue diseñada como una ayuda para Adán, lo que no solo sugiere una subordinación, sino más bien una complementariedad. El hemisferio izquierdo organiza y da forma a las intuiciones y percepciones del hemisferio derecho, permitiendo que se manifiesten en acciones ordenadas y pensamientos prácticos.

La caída de Adán y Eva representa la desconexión entre estos dos hemisferios. Cuando tomaron del fruto prohibido, actuaron no desde la unidad, sino desde un estado de fragmentación. Adán (hemisferio derecho) se desconectó de su intuición pura, y Eva (hemisferio izquierdo) actuó sin la guía completa de la sabiduría divina. Esta desconexión llevó a la pérdida del equilibrio y la armonía, resultando en la expulsión del Edén, un símbolo de la separación de la conciencia unificada.

La Torá fue entregada en 2 tablas

Antes de la revelación de la Luz en el monte Sinaí, todas las montañas se acercaron a Dios, deseando ser el lugar donde se revelaría la Torá. No obstante, fue el monte Sinaí, la más pequeña y humilde de todas, quien recibió este honor divino. Este acto nos enseña que lo pequeño y aparentemente insignificante puede contener la grandeza más profunda cuando es elegido por lo Alto.

La entrega de la Torá en dos tablas no es un detalle accidental, sino un código que revela la profunda conexión entre la creación humana y los secretos divinos. Las dos tablas reflejan la dualidad inherente en la estructura misma del ser humano, en particular en la forma en que operamos a través de los dos hemisferios que, al igual que las tablas, están diseñados para funcionar en conjunto, reflejando un equilibrio espiritual.

El Midrash nos enseña que esas tablas eran de zafiro, un material puro y luminoso, lo que nos señala que no solo contenían leyes, sino una esencia divina que iba más allá de lo físico. Cuando Moisés descendió del monte y encontró al pueblo adorando al becerro, la desconexión espiritual fue tan intensa que las tablas se hicieron imposibles de sostener. Las letras arameas, grabadas como luz en las piedras, se elevaron, dejando las tablas vacías de su contenido espiritual.

Este acto de ruptura entre lo espiritual y lo material refleja lo que sucede cuando dejamos de estar alineados con nuestro propósito divino. Así como las tablas se revelaron en dos partes, simbolizando la necesidad de unión, también nuestras vidas deben buscar la integración de las dos fuerzas que nos componen, tanto espirituales como físicas, en un solo propósito superior. Cuando las tablas cayeron, no solo se rompió la piedra, sino también el equilibrio que ellas simbolizaban.

El Zohar (Vayakhel 1:11) nos recuerda que, al caer, las tablas perdieron su esencia espiritual y se convirtieron solo en objetos físicos, pesados y difíciles de cargar. De la misma manera, cuando nos desconectamos de nuestro centro espiritual, la vida se vuelve más pesada, y la carga más difícil de llevar. La restauración del equilibrio es lo que nos permite acceder de nuevo a la Luz, así como Moisés, al recibir un nuevo par de tablas, restauró la conexión entre el cielo y la tierra.

Jesús M. Torres Jr.

Además, existe un poderoso relato que también refleja la importancia de los dos hemisferios y su equilibrio. Cuando Moisés estaba en la cima de la montaña durante la batalla contra Amalec, sucedió algo extraordinario. Mientras Moisés mantenía sus brazos levantados, el pueblo de Israel prevalecía en la batalla, pero cuando los bajaba, los amalecitas tomaban ventaja. La fatiga de Moisés era inevitable, y fue entonces cuando Aarón y Jur vinieron a su ayuda. Uno se colocó a su derecha y el otro a su izquierda, sosteniendo sus brazos para que permanecieran en alto hasta la victoria completa (Éxodo 17:10-13).

Este acto no es solo un evento histórico, sino un reflejo simbólico de la importancia de mantener el equilibrio en nuestras vidas, representado por los dos hemisferios cerebrales. Aarón y Jur sosteniendo los brazos de Moisés simbolizan la necesidad de apoyo mutuo entre las fuerzas internas de cada persona. Los dos hemisferios deben estar en equilibrio, de la misma manera que los brazos de Moisés debían permanecer levantados para que Israel prevaleciera.

Este equilibrio entre lo espiritual y lo material, entre nuestras capacidades internas, es lo que nos permite vencer en nuestras batallas cotidianas. Cuando uno de los hemisferios domina excesivamente, ya sea el lado lógico o emocional, la balanza se inclina y las dificultades se vuelven más pesadas. Pero, al igual que Moisés, con el apoyo adecuado y el equilibrio entre las partes, podemos mantener nuestros "brazos" elevados y prevalecer en nuestra propia lucha por la armonía y la victoria espiritual.

Restauración a través del Cerebro Mashiaj y la Intimidad Espiritual

---

El cerebro Mashiaj se
activa cuando Adán y Eva,
representando los hemisferios
derecho e izquierdo, se unen en
un acto de intimidad espiritual.

Esta unión no es simplemente física; es una metáfora de la unificación de nuestras facetas lógicas y creativas, racionales e intuitivas. En la tradición hebrea, esta unión está profundamente conectada con el concepto de Daat, que en hebreo significa "conocimiento". Daat no es solo un conocimiento intelectual, sino un conocimiento profundo y experiencial, una integración de cuerpo y espíritu.

Según la mística hebrea, Daat es el punto de encuentro donde las fuerzas opuestas del cerebro se integran, permitiendo

Jesús M. Torres Jr.

que la conciencia se eleve a un estado de unidad. Esta es la esencia de los secretos de la Torá que Jesús el hebreo vino a revelar: que el verdadero conocimiento es aquel que unifica lo fragmentado, sana la división entre lo espiritual y lo físico, entre el cielo y la tierra. Cuando Adán y Eva se unen a través de Daat, activan el cerebro Mashiaj, el cerebro de la conciencia unificada y redentora.

El matrimonio místico del alma en 3 verbos: ¡Dejar, unir y llegar a ser!

Jesús el hebreo enseñó una interpretación de la Torá que iba más allá del simple cumplimiento de leyes; su enseñanza se enfocaba en un objetivo espiritual profundo: la unificación de los hemisferios cerebrales, un concepto que puede verse reflejado en la idea del "matrimonio" de la primera pareja en la Torá. Según el relato de Génesis, Adán tenía la responsabilidad de tres cosas: "dejar", "unirse" y "llegar a ser" con Eva.

Estos tres pasos reflejan el proceso de reconciliación y unificación que Jesús enseñaba, no solo en un contexto relacional, sino también dentro de la mente y el espíritu humano.

En la narrativa de Adán y Eva, "dejar" implica soltar las divisiones internas, las fragmentaciones profundas que separan a los individuos y a las partes de su ser. Los hemisferios comienzan a trabajar en armonía. Finalmente, "llegar a ser" es alcanzar el estado de ejad, un término hebreo que significa "uno" o "unidad". En la enseñanza mística, el concepto de ejad no solo se refiere a una unidad numérica, sino a una integración profunda y completa, donde todas las partes se reconcilian y funcionan como un todo unificado.

El Doble Llamado de Jesús el Hebreo y la Unificación de los hemisferios cerebrales

En varias ocasiones en los Evangelios, Jesús llama a alguien por su nombre dos veces seguidas. Este "doble llamado" tiene un profundo significado espiritual y puede verse como una metáfora para la unificación de los hemisferios cerebrales, lo consciente y lo subconsciente, la lógica y la intuición. Lucas 10:41-42 (Marta, Marta):"Respondiendo Jesús, le dijo: Marta, Marta, afanada y turbada estás con muchas cosas. Pero solo una cosa es necesaria; y María ha escogido la buena parte, la cual no le será quitada."

Aquí, Jesús el hebreo llama a Marta dos veces, lo que puede interpretarse como un intento de atraer su atención tanto en el nivel consciente como subconsciente. Marta, preocupada por las tareas del hogar (lógica, estructura, hemisferio izquierdo), necesita también considerar la importancia de la intuición y la espiritualidad representadas por María (hemisferio derecho). Este llamado doble puede verse como una invitación a la integración de ambos hemisferios, equilibrando el enfoque práctico con el enfoque espiritual.

Lucas 22:31 Dijo también el Señor: "Simón, Simón, he aquí Satanás os ha pedido para zarandearos como a trigo; pero yo he rogado por ti, que tu fe no falte; y tú, una vez vuelto, confirma a tus hermanos."

Al dirigirse a Simón Pedro con un doble llamado, Jesús el hebreo podría estar señalando la necesidad de que Pedro unifique su fe (hemisferio derecho, intuición) con su papel de liderazgo y guía (hemisferio izquierdo, lógica). Esta dualidad refuerza la idea de la fe y la razón deben trabajar juntas para cumplir con el propósito divino.

Hechos 9:4 (Saulo, Saulo):"Y cayendo en tierra, oyó una voz que le decía: Saulo, Saulo, ¿por qué me persigues?

En este pasaje, Jesús el hebreo llama a Saulo por su nombre dos veces, lo cual puede simbolizar un llamado a Saulo para que unifique su fervor religioso (hemisferio derecho, pasión espiritual) con un nuevo entendimiento basado en la verdad (hemisferio izquierdo, razón). Este evento marca el punto de inflexión en la vida de Saulo, quien después se convierte en Pablo, uniendo su pasado como perseguidor con su futuro como apóstol.

En cada uno de estos casos, el doble llamado de Jesús puede interpretarse como un llamado de atención para activar y unificar los dos hemisferios cerebrales. Jesús el hebreo no solo se dirige al consciente sino también al subconsciente, llamando a la integración completa del ser. La repetición de nombre no es simple énfasis, sino una invitación a que la persona responda desde todos los aspectos de su ser, integrando lógica e intuición, razón y fe, hemisferio izquierdo y derecho. Este patrón refuerza la idea de que Jesús el hebreo tenía un entendimiento profundo de la mente humana y de cómo debía ser unificada para alcanzar la verdadera plenitud espiritual, lo cual se refleja en su enseñanza sobre la unificación del alma y el despertar del cerebro del Mashiaj.

El Shemá activa el tercer oído

El Shemá Israel, más allá de su profunda afirmación espiritual en Deuteronomio 6:4, activa procesos poderosos en el cerebro que están conectados con la iluminación de los hemisferios cerebrales, lo que se conoce como el cerebro Mashiaj. Este concepto del cerebro Mashiaj es un despertar de una conciencia más elevada, donde el "hebreo que te ocupa" tiene acceso a información del "otro lado", es decir, de lo que viniste a hacer en la Tierra.

El cerebro Mashiaj puede ser visto como tu alma gemela, esa parte de ti que está conectada directamente con tu esencia y con tu misión espiritual. Al activar este estado de conciencia a través del Shemá, se logra no solo una integración interna, sino también una conexión profunda con la fuente de tu propósito.

Al recitar el Shemá, esta declaración poderosa no solo afirma la unidad de Dios, sino que también despierta lo que se llama el tercer oído. Este "tercer oído" es la capacidad para escuchar más allá del sonido físico y conectar con una percepción espiritual más profunda. En este estado de conciencia, se produce una coherencia entre los hemisferios cerebrales, alineando la mente racional y lógica (hemisferio izquierdo) con la intuición y espiritualidad (hemisferio derecho).

Al activar esta unión, accedes a un nivel de comprensión que te permite ver más claramente el sentido de tu alma y su propósito en este viaje terrenal. El cerebro Mashiaj te ofrece una visión ampliada, permitiéndote acceder a información que no está disponible de manera cotidiana: detalles sobre tu camino espiritual, los desafíos que viniste a superar, y las habilidades que trajiste contigo.

En este estado elevado, es posible tener acceso a la claridad total sobre el diseño de tu alma y obtener visiones claras sobre el futuro, la misión que viniste a cumplir, y el papel que desempeñas en el gran entramado de la creación.

Este acceso a lo que algunos llaman "el otro lado" incluye no solo una comprensión de las vidas pasadas y futuras, sino también de las conexiones con otras almas que te rodean, las lecciones que debes aprender y los contratos espirituales que has hecho antes de tu llegada aquí.

Jesús M. Torres Jr.

El cerebro Mashiaj, cuando está activo, se convierte en un canal directo hacia la información del "otro lado", revelando detalles precisos sobre la razón de tu existencia y el destino que estás destinado a cumplir.

Jesús el hebreo recitaba el Shemá no solo como una obligación religiosa (Lucas 10:25-28), sino por esta razón metafísica: sabía que esa oración activaba la unidad de los hemisferios cerebrales y el acceso a un nivel de percepción más elevado. Al recitar el Shemá, Jesús se alineaba con esta fuerza de integración que no solo le permitía conectarse profundamente con su misión divina, sino que también le otorgaba la claridad y la conexión necesarias para cumplir con su propósito en la Tierra.

La mística de las letras hebreas

En la mística hebrea, la meditación con las letras del Alefato hebreo tiene un profundo significado espiritual y fisiológico. Cada letra del alfabeto hebreo es considerada como una forma sagrada de energía divina, con vibraciones únicas que conectan con distintos aspectos de la creación y del ser humano. Esta práctica no es solo una herramienta espiritual, sino que también tiene efectos en el cerebro y el cuerpo.

Las letras hebreas como Tecnología Sagrada son vistas como los bloques de construcción del universo en la mística hebrea. Según la tradición cabalística, el mundo fue creado a través de combinaciones de las letras hebreas. Por lo tanto, cada letra no solo representa un sonido o una palabra, sino una fuerza creativa específica. Meditar con las letras hebreas es, en este sentido, una forma de conectarse con la esencia divina y acceder a dimensiones espirituales más profundas.

En Impacto en el Cerebro, cuando una persona medita con las letras hebreas, su cerebro entra en un estado de concentración profunda. Este enfoque en los símbolos sagrados activa áreas del cerebro relacionadas con la percepción visual y espacial, pero también con el centro del lenguaje y la imaginación.

Al visualizar las letras, se despiertan conexiones neurológicas entre los hemisferios cerebrales, lo que promueve un estado de coherencia cerebral similar a otras prácticas meditativas. Esta armonización de los hemisferios izquierdo y derecho facilita una mayor claridad mental y calma emocional. Además, la meditación con las letras hebreas puede estimular la glándula pineal, una estructura relacionada con la percepción espiritual y la conciencia expandida. Esto ocurre debido a la atención enfocada y la resonancia energética de las letras, que actúan como llaves para desbloquear los niveles más profundos del ser.

La conexión biológica con lo sagrado sugiere que estas letras pueden resonar dentro de nosotros a nivel celular, permitiendo que su poder creativo se manifieste en nuestra propia vida.

Meditar con las letras hebreas puede inducir un estado de relajación profunda, ya que las vibraciones de las letras (especialmente cuando se pronuncian en hebreo) generan una resonancia que calma el sistema nervioso. Este proceso ayuda a equilibrar las emociones y reduce el estrés, lo que puede mejorar la salud en general.

Las letras hebreas están asociadas con diferentes partes del cuerpo en la tradición mística, lo que significa que cada letra puede activar y sanar áreas específicas, generando una influencia positiva en el bienestar físico.

Meditar con las letras hebreas es una forma de reconectar el ser humano con su esencia divina y con el propósito de su alma. Cada letra tiene un significado profundo y una vibración específica que ayuda a elevar la conciencia y a acceder a planos más elevados de percepción. Este enfoque meditativo no solo abre las puertas al conocimiento

Jesús M. Torres Jr.

interno, sino que también permite una reconexión con la energía creativa divina, lo que lleva a una expansión de la conciencia y a un mayor sentido de propósito.

La biohermenéutica, que estudia la interpretación de los textos sagrados a través de la biología y la experiencia humana, destaca que estas letras no solo son conceptos abstractos, sino que están enraizadas en la experiencia viva del ser humano. Cada letra hebrea, con su valor numérico y significado profundo, puede resonar con aspectos específicos de nuestra biología. Por ejemplo, la letra Alef, que simboliza la unidad, puede interpretarse biohermenéuticamente como una invitación a alinear nuestras funciones corporales y mentales hacia un estado de unidad y coherencia interna, lo que podría tener un impacto directo en nuestra salud y bienestar.

Con esto cierro el capítulo, abriendo la puerta a una transición natural hacia la sección de meditación que te permitirá integrar todo este conocimiento de manera práctica y vivencial.

Técnica de Meditación Hebrea para Activar el Cerebro del Mashiaj

Al final de este recorrido hacia la comprensión del cerebro Mashiaj, te ofrezco una práctica de meditación que se centra en la palabra "Mashiaj" (משיח) en hebreo. Esta práctica busca activar las energías de los hemisferios derecho e izquierdo, simbolizados por Adán y Eva, y unirlos en una conciencia unificada y plena.

1.Letra "Mem" (מ) – Hemisferio derecho: Activa la Fluidez y la Intuición

Significado: La letra "Mem" simboliza el agua, el flujo continuo de la vida y la sabiduría. En términos cerebrales, esta letra activa el hemisferio derecho, que está asociado con la intuición, la creatividad y la percepción holística, conectando con la energía de Adán.

Meditación: Cierra los ojos e imagina un río de agua pura fluyendo a través de tu mente. Siente cómo este flujo limpia cualquier bloqueo en tu hemisferio derecho, permitiendo que la intuición y la creatividad fluyan libremente.

2.Letra "Shin" (ש) – Hemisferio izquierdo: Activa la Energía y la Disciplina

Significado: La letra "Shin" está asociada con el fuego, la energía que purifica y transforma. Esta letra activa el hemisferio izquierdo, que se encarga de la lógica, la estructura y la disciplina, conectando con la energía de Eva.

Meditación: Visualiza una llama brillante en tu mente, encendiendo la chispa de la sabiduría y la disciplina en tu hemisferio izquierdo. Siente cómo esta energía ordena tus pensamientos y te ayuda a estructurar tu vida de manera armoniosa.

3.Letra "Yud" (י) – Hemisferio derecho: Activa la Conciencia Divina

Significado: La letra "Yud" simboliza la chispa divina, la conexión con lo trascendental. Esta letra activa una pequeña pero significativa área en el hemisferio derecho, relacionada con la percepción espiritual y la conexión con lo divino.

Meditación: Visualiza un pequeño punto de luz en tu mente, una chispa que representa la presencia divina dentro de ti. Permite que esta chispa ilumine tu hemisferio derecho, abriendo tu conciencia a una comprensión más profunda y espiritual.

4.Letra "Jet" (ח) – Integración de Ambos Hemisferios: Activa la Vida y la Unidad

Significado: La letra "Jet" simboliza la vida y el puente entre lo espiritual y lo físico. Esta letra activa la integración de ambos hemisferios cerebrales, permitiendo que trabajen en unidad, simbolizando la reunificación de Adán y Eva.

Meditación: Imagina una puerta que se abre en tu mente, uniendo los flujos de energía del hemisferio derecho e izquierdo. Siente cómo estos flujos se combinan, activando la totalidad de tu cerebro en una danza armoniosa de vida y unidad. Siente cómo la vida fluye a través de ti, uniendo tus capacidades lógicas y espirituales en un estado de plenitud.

Jesús el hebreo, como el Mashiaj, no solo vino a iluminar a la humanidad espiritualmente, sino también a mostrar el camino hacia la unificación interna. A través de sus enseñanzas y acciones, nos enseñó que debemos unir el hemisferio derecho, representado por Adán, con el hemisferio izquierdo, representado por Eva, para restaurar la plenitud y la armonía originales.

Esta integración es esencial para activar el cerebro del Mashiaj y vivir en un estado de Ejad (unidad), donde la lógica y la intuición, la estructura y la creatividad, trabajan juntas en perfecta armonía. Al practicar esta meditación, cruzamos simbólicamente el río desde un estado fragmentado hacia uno de unidad, siguiendo el ejemplo de Jesús el hebreo.

Al unificar los hemisferios cerebrales, activamos el cerebro Mashiaj, permitiéndonos vivir en plenitud, conectados con lo divino y en armonía con nosotros mismos y el mundo que nos rodea.

Practicar esta meditación, cruzamos simbólicamente el río desde un estado fragmentado hacia uno de unidad, siguiendo el ejemplo de Jesús el hebreo.

Los judíos recitan el Shema Israel dos veces al día, una por la mañana y otra por la noche.

Recitar el shema al principio y final del día refleja la dualidad y la unidad. La luz del día simboliza la claridad, la conciencia y la revelación divina, mientras que la noche representa los aspectos ocultos, el misterio y la fe que persiste en la oscuridad.

Recitar dos veces, se reconoce que El Eterno está presente tanto en momentos de claridad como en momentos de incertidumbre.

Shema Israel Adonai Eloheinu Adonai Ejad.

A medida que cerramos este capítulo sobre la unificación y el cerebro del Mashiaj, ahora nos adentramos en un nuevo misterio: "El Secreto está en la Saliva." Jesús el hebreo nos enseñó que hay poder en los elementos más simples, y en su saliva encontramos una clave oculta en sus enseñanzas hebreas.

Este es el cierre del capítulo y la transición hacia la práctica meditativa que permitirá experimentar en cuerpo y mente los conceptos que hemos explorado.

EL JESÚS QUE NUNCA ME PRESENTARON

יֵשׁוּעַ

CAPÍTULO 4
EL PASADO ESCONDIDO
EN LA SALIVA

La sanación del ciego de Bethsaida, narrada en Marcos 8:22-25, nos invita a explorar cómo las enseñanzas y acciones de Jesús el hebreo está profundamente conectadas con los secretos de la Torá, la psicogenética y la sanación del linaje familiar.

A primera vista, este milagro podría parecer una simple restauración de la vista física, pero al profundizar en el simbolismo y las prácticas místicas de la época, descubrimos que Jesús realiza una sanación ancestral. Esta historia revela la importancia de la unificación de los hemisferios cerebrales, la energía masculina y la restauración de la figura paterna como claves para alcanzar una sanación espiritual completa.

El nombre Bethsaida, que significa "Casa del Pez", está asociado en la mística hebrea con el ojo que no parpadea, un símbolo de percepción constante y divina. Este símbolo conecta con la visión que trasciende lo físico, una cualidad espiritual que el ciego de Bethsaida no podía experimentar.

Su ceguera no era solo física; su incapacidad para ver reflejaba un bloqueo espiritual profundo, causado por la desconexión con su linaje paterno y su energía masculina.

Esta historia pone de manifiesto una sanación integral que Jesús lleva a cabo al restaurar su conexión con su linaje ancestral, especialmente con la figura paterna, que es fundamental en la constelación familiar y en la estructura espiritual de la persona.

La Saliva: Viaje al Pasado Neurológico y la Restauración del Linaje Paterno

En la tradición talmúdica, la saliva del primogénito tenía propiedades curativas, particularmente en lo que respecta a las afecciones de los ojos. Esta creencia estaba profundamente arraigada en la psicogenética y la conexión espiritual del primogénito con su linaje familiar. Según el Talmud (Bava Basra 126b), la saliva del primogénito no solo era un símbolo de autoridad espiritual, sino que también era vista como una herramienta para reconectar con el pasado y sanar bloqueos ancestrales.

Cuando Jesús usa su saliva para sanar al ciego de Bethsaida, no solo está restaurando su vista física; está viajando al pasado neurológico del ciego, accediendo a las memorias ancestrales bloqueadas en su árbol genealógico.

Este acto simboliza la reconexión con su linaje masculino, una restauración de la relación con la figura paterna que había sido interrumpida. Desde una perspectiva forense moderna, la saliva también contiene información genética, lo que refuerza la idea de que Jesús estaba accediendo a la memoria ancestral del ciego para restaurar su visión, no solo física, sino espiritual.

Al emplear su saliva, Jesús no solo está sanando al ciego, sino también poniendo en evidencia que Él es el primogénito de su Padre celestial, despejando cualquier duda que habría surgido entre sus contemporáneos. Este acto reafirma que la conexión con su Padre no solo es espiritual, sino también legítima y biológica, ya que la saliva guarda autoridad vinculada a su linaje divino.

Cabe mencionar que en algunos textos del Talmud (como en Sanhedrín 43a), se afirma que la versión dramática de que Jesús era el resultado de una relación ilícita, y que su madre fue violada por un soldado romano llamado Pantera, intentaba cuestionar la legitimidad de Jesús

Jesús M. Torres Jr.

como hijo de Dios. Sin embargo, en el acto de sanar al ciego usando su saliva, Jesús reafirma su primogenitura divina, contrarrestando estas calumnias y manifestando su autoridad espiritual a través del poder sanador que recibía directamente de su Padre celestial.

Desde una perspectiva psicoanalítica, la figura del ciego en el relato puede interpretarse como un individuo que ha interiorizado una serie de defensas psíquicas debido a la ausencia de un padre o una figura de autoridad.

La ceguera, en este sentido, no solo se refiere a la incapacidad de ver físicamente, sino que simboliza una desconexión profunda con aspectos clave del yo.

Este ciego habría desarrollado un tipo de personalidad caracterizada por mecanismos de defensa asociados a la represión y la negación. Freud destacó que, cuando una figura paterna es ausente o ineficaz, el superyó, el regulador de la moral y la autoridad interiorizada puede no desarrollarse de manera equilibrada, dejando al individuo con dificultades para integrar la ley, la estructura y el sentido de dirección.

Un ciego, simbólicamente, carece de una guía interna clara y está a merced de fuerzas externas que moldean su experiencia de la realidad. En términos de la teoría de las constelaciones familiares, la ausencia del padre crea una sensación de vacío en el sistema familiar. *Este vacío puede manifestarse en el hijo como una incapacidad para "ver" su propia autonomía, para tomar decisiones propias, y para encontrar un propósito claro en la vida.* Esto se debe a que el rol del padre es esencial en la formación de la estructura psíquica, representando la dirección, la acción y la capacidad de enfrentar el mundo externo.

El ciego que Jesús saca de la aldea habría adoptado una personalidad dependiente, caracterizada por una fijación en la etapa pre-edípica, donde la figura materna, o el entorno familiar más cercano (la aldea), toma una función central. Freud y otros psicoanalistas posteriores, como Melanie Klein, describieron cómo las relaciones tempranas con los padres, o la falta de ellas, configuran patrones profundos de relación y percepción. En este caso, la dependencia hacia el entorno familiar refleja una regresión hacia una posición infantil, donde el sujeto no puede resolver sus propias tensiones ni establecer límites claros entre él mismo y su entorno.

Además, podríamos considerar que el ciego habría desarrollado una personalidad marcada por la pasividad y la sumisión, características que emergen cuando el individuo carece de una figura paterna que le permita desarrollar un sentido de autoafirmación.

La aldea, como entorno familiar simbólico, ha moldeado su percepción del mundo de manera distorsionada, alimentando la idea de que el individuo no tiene control sobre su destino. En términos de la psicología analítica de Jung, la figura del padre ausente también puede contribuir a la proyección de la "sombra", ese aspecto reprimido y negado del yo que contiene tanto los impulsos oscuros como los aspectos latentes de fortaleza y autoconfianza.

Jesús M. Torres Jr.

Cuando Jesús lo saca de la aldea, este acto no solo es físico, sino también psíquico.

El ciego, entonces, ha suprimido su capacidad de actuar y de ver la realidad tal como es, atrapado en una constelación familiar que refuerza su pasividad.

Jesús, en este contexto, cumple una función similar a la del terapeuta en el psicoanálisis o en la constelación familiar, rompiendo el ciclo de dependencia y ayudando al ciego a "ver" su potencial para actuar y tomar decisiones por sí mismo. En términos de Freud, este acto de ser "sacado de la aldea" sería análogo a un proceso de insight terapéutico, donde el individuo es capaz de ver las raíces de sus conflictos internos y, al enfrentarlas, comenzar el proceso de individuación y curación.

Significado místico de la aldea

El cambio de entorno que implica salir de la aldea es clave. En las constelaciones familiares, cuando un individuo sale de una constelación disfuncional o limitante, también se le da la oportunidad de liberar las dinámicas familiares que han mantenido su psique atrapada en patrones de repetición. Desde la teoría psicoanalítica, esto permite un proceso de reconfiguración de las estructuras internas, como el fortalecimiento del yo y la integración de los aspectos reprimidos.

El ciego que Jesús saca de la aldea, al ser curado fuera de su sistema familiar, es un símbolo profundo de transformación: al separarse de la influencia opresiva del entorno, logra recuperar su visión (tanto física como emocional) y, por ende, su autonomía.

Esta "aldea" puede estar llena de expectativas no expresadas, traumas no resueltos y comportamientos que se repiten de generación en generación. Desde la óptica del psicoanálisis, podríamos decir que la ceguera del ciego representa una incapacidad para integrar aspectos de su sombra reprimida en el inconsciente. El entorno familiar y social (la aldea) actúa como un lugar donde los conflictos no resueltos y los complejos reprimidos se proyectan, sumergiendo al individuo en una especie de "ceguera emocional". La intervención de Jesús para llevar al ciego fuera de ese entorno representa, de manera metafórica, el proceso de individuación descrito por Carl Jung: la necesidad de separarse de las influencias inconscientes colectivas para poder ver y sanar desde dentro.

En este contexto, la mística hebrea nos ofrece una perspectiva más elevada. El proceso de salir de la aldea puede interpretarse como un ascenso espiritual, un movimiento desde el nivel más denso y físico hacia una conciencia más elevada, donde la luz divina se hace más accesible y clara. El ciego, en su estado inicial, está desconectado de esta luz, atrapado en una percepción limitada que refleja el exilio espiritual.

Al ser llevado fuera de la aldea, se está produciendo un cambio profundo en su relación con la luz, con la realidad y con su propio ser.

Soledad elegida

Pero ¿qué ocurre cuando uno se separa del entorno que lo condiciona? Aquí entra en juego la soledad elegida, que no es un aislamiento impuesto, sino un acto consciente de distanciamiento para facilitar la sanación. Esta soledad permite que el individuo entre en contacto con aspectos más profundos de su ser, donde las heridas emocionales y espirituales pueden ser abordadas sin la interferencia de las dinámicas familiares o sociales.

El paralelismo con la Caverna de Platón nos ofrece una mirada complementaria: en la caverna, los prisioneros están encadenados y solo pueden ver sombras proyectadas en la pared. Estas sombras representan una percepción distorsionada de la realidad, al igual que las influencias inconscientes y familiares pueden distorsionar nuestra visión de nosotros mismos. Cuando uno de los prisioneros es liberado, descubre que el mundo es mucho más vasto y verdadero de lo que jamás imaginó. Del mismo modo, el ciego es liberado de las "sombras" de la aldea para ver con claridad, una liberación que simboliza el acceso a una verdad más profunda y a una visión espiritual restaurada. Desde esta perspectiva, la oveja negra dentro de la familia cumple un rol crucial.

La Oveja Negra y la Corrección Espiritual

En constelaciones familiares, la oveja negra es vista como el miembro que, al no encajar en las dinámicas familiares, se convierte en el catalizador de cambio. Al igual que el ciego debe salir de la aldea para sanar, la oveja negra necesita separarse temporalmente del sistema familiar para poder liberarse de los patrones generacionales que la mantienen atrapada en el sufrimiento. Este proceso de alejamiento es necesario para que la oveja negra pueda sanar sus propias heridas y, a su vez, facilitar la sanación de todo el sistema familiar. El rol de la oveja negra, visto desde el psicoanálisis, es el de señalar las heridas que han sido ignoradas o negadas por generaciones.

Al igual que el prisionero de la caverna que sale al mundo exterior y ve la luz del sol, la oveja negra, al tomar distancia del sistema familiar, puede ver con mayor claridad las dinámicas que la han afectado y comenzar un proceso de individuación y liberación.

Desde una perspectiva mística hebrea, la oveja negra está conectada con la energía del Tikun, la corrección espiritual. Al distanciarse del sistema familiar, esta figura tiene el potencial de elevar su alma y corregir las disfunciones que han afectado no solo su vida, sino también las de sus ancestros. Al igual que el ciego que es llevado fuera de la aldea para poder ver, la oveja negra se aleja para encontrar su propia luz, y en el proceso, trae luz y sanación a su linaje.

Entonces, ¿qué implica este proceso de soledad elegida y cómo podemos integrarlo en nuestra propia vida? ¿Qué ocurre cuando tomamos la decisión consciente de alejarnos de los entornos que nos limitan y condicionan? El proceso no es sencillo, pero es necesario para acceder a una visión más clara de quiénes somos y de las dinámicas que nos han afectado. Al igual que el ciego que recupera su vista y el prisionero que sale de la caverna, nosotros también debemos hacer el esfuerzo de separarnos de las sombras y buscar la luz que nos permita ver la realidad tal como es.

El acto de Jesús de tomar la mano del ciego también está cargado de simbolismo.

En los secretos de la Torá, las manos son vistas como mapas que contienen las marcas de la lectura ancestral.

Al tomar su mano, Jesús accede a la psicogenética del ciego, identificando los bloqueos generacionales y espirituales en su linaje paterno. Este gesto no solo representa una conexión física, sino también una reconexión espiritual con la historia familiar del ciego, que había estado rota, afectando su capacidad para ver más allá de lo físico.

El proceso de sanación realizado por Jesús no se completa con un solo toque. El doble toque de Jesús tiene un profundo significado tanto en el plano espiritual como neurológico. La primera mano que Jesús toca simboliza la activación del hemisferio derecho, que está asociado con la intuición, la espiritualidad y la percepción del mundo interior.

Después de este primer toque, el ciego menciona que "ve hombres que parecen árboles". Esta visión parcial refleja cómo su hemisferio derecho estaba comenzando a percibir las conexiones espirituales en su interior, una etapa inicial de su sanación. Sin embargo, la sanación no estaba completa hasta que se activó el hemisferio izquierdo, que está relacionado con la lógica y la materialización de lo percibido.

El segundo toque representa la activación de este hemisferio, permitiendo que el ciego exteriorizara y manifestara lo que había visto internamente. Este acto simboliza la transferencia del hemisferio derecho hacia el izquierdo, una integración que permitió que el ciego pudiera ver tanto internamente como en el plano material. Este tipo de unificación de los hemisferios cerebrales, conocida en la Mística hebrea como el cerebro Mashiaj, es esencial para la percepción espiritual completa. En esta historia, Jesús, al utilizar la saliva, está activando tanto el hemisferio izquierdo como el derecho, permitiendo que el ciego pueda ver en el plano físico y espiritual.

> La ceguera del ciego estaba
> relacionada con un bloqueo
> ancestral masculino, una
> desconexión con su figura
> paterna y su linaje.

Al sanar estos bloqueos, Jesús reconecta al ciego con su herencia espiritual, lo que le permite integrar lo percibido internamente y manifestarlo externamente. El proceso de unificación de los hemisferios cerebrales permitió al ciego materializar lo que había percibido espiritualmente, restaurando su capacidad de proyectar su propósito divino en el mundo.

Resumen de Conceptos Clave y Guía para Internalizar lo Enseñado

A continuación, se presenta un resumen de los conceptos clave para facilitar su comprensión e internalización:

Unificación de los hemisferios cerebrales

•Hemisferio Derecho: Relacionado con la intuición, espiritualidad y la percepción del mundo interior. Al tocar la mano derecha del ciego, Jesús activó este hemisferio, lo que permitió que el ciego comenzara a percibir sus conexiones internas y espirituales.

•Hemisferio Izquierdo: Relacionado con la lógica, materialización y la proyección del mundo interior hacia el mundo exterior. El segundo toque de Jesús activó este hemisferio, permitiendo que el ciego exteriorizara lo que había percibido internamente.

•La unificación de los hemisferios simboliza el cerebro Mashiaj, donde la lógica y la intuición trabajan juntas para manifestar la verdad espiritual en el plano físico.

Saliva: Conexión con el Pasado Neurológico

La saliva, según el Talmud, tiene propiedades curativas y está conectada con la liberación de bloqueos relacionados con el linaje masculino. Este acto no solo curó la ceguera física, sino que también reconectó al ciego con su herencia masculina y sanó las desconexiones espirituales con su figura paterna.

Energía Masculina: Dar y Exteriorizar

En la mística hebrea, la energía masculina está asociada con la capacidad de dar y exteriorizar. El ciego, al estar desconectado de su linaje paternal, no podía manifestarlo fuera, lo que tenía en su interior. Al sanar este bloqueo, Jesús restauró su capacidad de proyectar su propósito interno hacia el mundo exterior.

Sanación del Linaje Paterno

La ceguera del ciego estaba relacionada con una desconexión ancestral con su padre. Jesús sanó estos bloqueos a través de la reconexión neurológica y espiritual facilitada por el uso de la saliva y el doble toque, devolviendo al ciego su vista y su capacidad de manifestar su propósito interno hacia el mundo.

Explora tu linaje ancestral

Reflexiona sobre tu conexión con tu figura paterna. ¿Existen bloqueos o tensiones en esa relación que podrían estar afectando tu capacidad de manifestar tu propósito o exteriorizar lo que llevas dentro?

Considera trabajar en una constelación familiar o realizar ejercicios de autoexploración para identificar patrones heredados y liberarte de bloqueos ancestrales.

Conecta mente y cuerpo

Visualiza la unificación de tus hemisferios cerebrales. Imagina cómo puedes tomar las ideas y percepciones de tu mundo interior (hemisferio derecho) y transformarlas en acciones concretas que se manifiesten en tu vida cotidiana (hemisferio izquierdo).

Este tipo de práctica puede ayudarte a integrar tu espiritualidad en el plano físico, haciendo que lo intangible y abstracto se materialice.

Reconoce el poder de la saliva como símbolo

Aunque no literalmente, reflexiona sobre cómo puedes acceder a las memorias del pasado y liberar bloqueos emocionales o espirituales que podrían estar afectando tu presente.

La saliva, en este contexto, simboliza la conexión con tu linaje. En tu vida cotidiana, este podría ser un ejercicio de conciencia o perdón hacia tu historia familiar, lo que te permitiría desbloquear potenciales internos que hasta ahora estaban reprimidos.

Al aplicar estos pasos, puedes integrar la enseñanza de la sanación del ciego de Bethsaida en tu propia vida, permitiendo la unificación de tu mente y espíritu, y la reconexión con tu propósito ancestral.

Con esto, concluye el Capítulo 4, "El pasado escondido en la saliva". ¿Estás listo para continuar con el siguiente capítulo, "Los secretos de la Luz"?

Jesús M. Torres Jr.

EL JESÚS QUE NUNCA ME

PRESENTARON

יֵשׁוּעַ

CAPÍTULO 5

LOS SECRETOS DE LA

LUZ

La enseñanza de Jesús el hebreo sobre la luz esconde una profundidad que supera lo aparente. En Mateo 5:14, Jesús proclama: "Vosotros sois la luz del mundo". Esta declaración no es solo una metáfora; es un eco de un conocimiento espiritual que trasciende el tiempo.

En la tradición hebrea, la luz no es únicamente un símbolo; es el principio primordial que da origen a toda la creación. Desde el instante en que Dios dijo: "Sea la luz" en Génesis 1:3, el universo entero se forjó sobre esta luz divina, una luz que no solo ilumina lo físico, sino que revela también lo espiritual, lo oculto, lo eterno.

En hebreo, la palabra "or" (אוֹר), que significa luz, encierra un misterio: su valor numérico es 207. Este número no es fortuito. Comparte su significado con la palabra "Ein Sof" (אין סוף), el Ser Infinito en la mística hebrea, la fuente suprema y eterna de toda la creación. Pero aún más fascinante es que 207 también es el valor de la palabra aramea "raz" (רז), que significa "secreto". Así como el hebreo y el arameo son lenguas hermanas, así también lo son la luz y el secreto, entrelazados en una danza de revelación y misterio.

Esto nos lleva a comprender que cuando Jesús dijo que somos la luz del mundo, estaba revelando una verdad oculta: llevamos dentro el secreto de la luz infinita del Ein Sof.

Este entendimiento no se detiene en lo espiritual; resuena profundamente en el mundo físico. La luz, en su velocidad increíble de 299,792 kilómetros por segundo, tiene la capacidad de dar siete vueltas completas a la Tierra en tan

Jesús M. Torres Jr.

solo un segundo. Esta impresionante velocidad nos da una idea de su inmensidad, pero su verdadero poder radica en su capacidad de conectar lo visible con lo invisible.

Mateo 5:14-15

La Luz porta el secreto del Ein Sof

רָז = אוֹר = אֱיִן סוֹף
207 - 207 - 207
Ein Sof   Or   Raz

Para entender mejor esta conexión, pensemos en los millones de años que en la Tierra parecen un lapso interminable, pero que en el vasto cosmos se traducen en apenas unos segundos. La luz, con su habilidad para trascender el tiempo y el espacio, también está en nosotros. Nuestros cuerpos emiten biofotones, diminutas partículas de luz que juegan un papel esencial en la comunicación celular, creando un puente entre nuestra esencia física y las dimensiones superiores.

Los secretos que Jesús compartió sobre el Reino de los Cielos nos enseñan que el cuerpo humano es un templo diseñado para manifestar la luz divina. Sin embargo, esta revelación oculta nos invita a descubrir cómo activarla y, a medida que exploramos más, desvelamos misterios que cambiarán nuestra comprensión de lo que somos y de cómo estamos conectados con el cosmos.

Jesús enseñaba que "la lámpara del cuerpo es el ojo" (Mateo 6:22). Este "ojo", muchas veces entendido como el tercer ojo, está vinculado con la glándula pineal, un centro espiritual que se encuentra en el cerebro. Esta glándula, además de regular los ritmos del sueño a través de la melatonina, está profundamente relacionada con nuestra percepción espiritual y nuestra capacidad de ver más allá de la realidad física.

Una vez que conoces el secreto del valor numérico de 207, comprendes que "Or" (luz), "Raz" (secreto) y "Ein Sof" (Ser Infinito) comparten una conexión profunda, revelando el papel esencial de la glándula pineal en la vida espiritual y física del ser humano. Esta glándula, también conocida como el tercer ojo, no es solo una metáfora, sino un punto crucial que conecta las experiencias del cuerpo con los mundos espirituales.

Funciona como el administrador que regula el flujo de información espiritual a través de los sueños y visiones, conectando con lo más profundo de nuestra conciencia.

La Glándula Pineal en las Culturas del Medio Oriente

Desde tiempos antiguos, las culturas del Medio Oriente han compartido un símbolo común que se relaciona con la glándula pineal. Por ejemplo, en el antiguo Egipto, el símbolo del Ojo de Horus es una representación simbólica del tercer ojo, correspondiente a la glándula pineal, que era vista como la puerta hacia la vida después de la muerte y la conexión con los dioses.

Asimismo, en Mesopotamia, los babilonios veneraban al dios Ninurta, quien portaba una piña, la cual se reconocía como un símbolo de la glándula pineal. Esta referencia a la piña, que se forma física y espiritualmente en la estructura de la glándula, simbolizaba la conexión con los misterios de la vida y la muerte.

Este concepto se entrelaza con la enseñanza de Jesús el hebreo, quien resaltaba la importancia de conectarse con el Reino de los Cielos, entendiendo aquí como la conexión interna a través de la glándula pineal. La conexión con la glándula pineal no es exclusiva de una sola cultura. En la India, el tercer ojo es conocido como Ajna chakra, el cual, una vez activado, permite acceder a la intuición y la sabiduría superior. En el budismo tibetano, el tercer ojo simboliza la capacidad de ver las verdades naturales de la realidad, más allá de las ilusiones del mundo material. En culturas indígenas de América, se creía que los sueños eran la base esencial de esta conexión de poder que portaba los relatos de los dioses.

Incluso en la antigua Grecia, Pitágoras y Platón hacían referencia a la glándula pineal como el asiento del alma. Para los sabios griegos, el despertar de este pequeño órgano era el camino hacia la percepción espiritual que facilitaba el acceso a los misterios de la conciencia.

Los chamanes de diversas culturas, especialmente en la Amazonía, han sabido durante siglos que la glándula pineal juega un papel fundamental en las prácticas espirituales. A través de ceremonias con plantas sagradas, como la ayahuasca, han logrado activar este centro de poder que les permite tener visiones y acceder a dimensiones superiores, conectándose con realidades que trascienden el plano físico.

La sustancia conocida como
DMT (dimetiltriptamina), que se
encuentra en la glándula pineal,
permite a los chamanes y místicos
interactuar con los mundos
espirituales, experimentando
viajes místicos que revelan
valiosas profecías sobre la
existencia.

Para los chamanes, la glándula pineal es vista como la llave maestra que abre las puertas a los secretos de la naturaleza y los espíritus.

Creen que, al activarla, el ser humano puede trascender su cuerpo físico y recibir enseñanzas de seres espirituales, accediendo a los reinos invisibles que están siempre presentes, pero a menudo ocultos tras la percepción diaria.

El Sefer Yetzirah y el Zohar profundizan en el poder de la glándula pineal al controlar los sueños. Los sueños son el lenguaje de la conciencia interna y un vehículo que nos conecta con el alma y el propósito más profundo. En el Zohar se dice que la pineal actúa como un intermediario entre los mundos espirituales y físicos, recibiendo y transmitiendo mensajes divinos mientras el cuerpo duerme. Al activar esta glándula, el ser humano puede recibir revelaciones y visiones que son inaccesibles en el estado de vigilia. La glándula pineal, por tanto, no solo facilita el acceso a esos mundos espirituales, sino que también regula la entrada de luz espiritual en el cuerpo, alimentando el alma con las semillas energéticas que la conectan con su origen divino.

En los secretos de la Torá, Jesús el hebreo comprendía una verdad oculta: la glándula pineal de la humanidad estaba cerrada y atrofiada, lo que mantenía a las personas atrapadas en el "sueño de Adán". En la tradición hebrea, se cree que seguimos viviendo en ese sueño porque la Torá nunca menciona que Adán haya despertado, lo que implica un código. Este silencio es intencional y revela que el despertar de Adán es una tarea pendiente para cada uno de nosotros. El sueño de Adán es, en esencia, un estado de matrix religiosa en la que la humanidad ha estado atrapada, desconectada de su verdadero propósito espiritual. El verdadero secreto es que Adán debe despertar dentro de cada ser humano.

El despertar de la glándula pineal simboliza este despertar interno, donde cada persona sale de la matrix de ilusiones espirituales y comienza a ver la verdad de su propósito oculto. Jesús el hebreo, al compartir los secretos de la Torá, buscaba precisamente activar ese proceso, ayudando a las personas a romper con la inconsciencia espiritual en la que vivían, tal como Adán, y entrar en un estado de despertar consciente.

Patentes y descubrimientos a través de los sueños

Grandes mentes a lo largo de la historia han atribuido sus ideas más brillantes a los sueños. Uno de los ejemplos más conocidos es el químico Friedrich August Kekulé, quien describió la estructura del benceno después de soñar con una serpiente que se mordía la cola, lo que lo llevó a visualizar la estructura molecular en forma de anillo.

Otro ejemplo es Elias Howe, quien perfeccionó la máquina de coser moderna gracias a un sueño en el que vio guerreros que llevaban lanzas con agujeros en las puntas, inspirando el diseño de la aguja con un ojo en su extremo. El propio Albert Einstein tenía sueños que, según él, fueron fundamentales en el desarrollo de la Teoría de la Relatividad. El concepto de viajar a la velocidad de la luz y las implicaciones del tiempo y el espacio se le revelaron primero en un estado de sueño. Estos descubrimientos no son simples coincidencias; son el resultado de acceder a un estado de conciencia donde el subconsciente y la glándula pineal trabajan juntos para descargar información que no está disponible en el estado de vigilia.

Aunque algunos chamanes utilizan sustancias como la ayahuasca para inducir estos estados, no es necesario recurrir a drogas para activar la glándula pineal.

La meditación es la clave. A través de prácticas meditativas, es posible entrar en un estado de sueño consciente, donde puedes programar tus sueños y obtener respuestas que en estado de vigilia estarían fuera de tu alcance. Este tipo de sueño es similar a lo que los antiguos egipcios llamaban "curación a través del sueño". En los famosos templos del sueño de Egipto, las personas eran inducidas a un sueño profundo donde recibían visiones curativas. Estos templos eran considerados espacios sagrados donde los sacerdotes guiaban a los participantes en un estado alterado de conciencia para recibir revelaciones y soluciones a problemas de salud y vida.

Activar tu glándula pineal a través de la meditación, sin necesidad de sustancias externas, es un acto de soñar de manera consciente, donde puedes abrir puertas a nuevas ideas, creatividad y comprensión profunda de la realidad.

Imagina lo que podrías descubrir si, en estado de sueño consciente, encuentras respuestas a preguntas que te han perseguido durante años, o si visualizas soluciones a problemas complejos que has enfrentado. Tu glándula pineal es la llave para acceder a esta dimensión de sabiduría.

En la tradición hebrea, la activación de esta glándula estaba codificada en los rituales del sacerdocio. Al ungir la frente de los sacerdotes con aceite, se buscaba activar esta puerta espiritual, lo que permitía acceder a una mayor claridad espiritual.

Jesús, con su conocimiento profundo de los secretos de la Torá, comprendía que la glándula pineal no era solo un órgano físico, sino un puente hacia lo divino.

La menorá (lámpara) del Templo, con sus siete brazos, también es un símbolo clave que refleja este proceso de iluminación interna. Los siete brazos corresponden a los siete orificios del rostro humano (dos ojos, dos fosas nasales y la boca), que son canales a través de los cuales percibimos tanto el mundo físico como el espiritual.

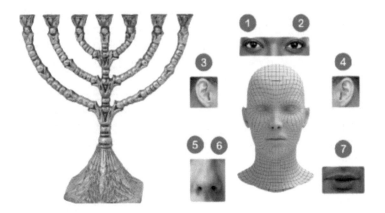

Así como el Cohen Gadol (Sumo sacerdote) encendía la menorá diariamente, nuestra tarea es encender nuestra luz interna, activando nuestra glándula pineal y permitiendo que la luz fluya a través de nosotros. La glándula pineal es la lámpara central, el centro espiritual que, cuando está activo, ilumina todo nuestro ser y nos permite acceder a los secretos del Reino de los Cielos.

El Timo

El Segundo Órgano que se Ilumina: Una vez que la glándula pineal se activa y comienza a iluminar la luz interior que está en cada uno de nosotros, el siguiente órgano en esta secuencia de activación es el timo. Este órgano, ubicado detrás del esternón, justo sobre el corazón, también es un centro espiritual y energético crucial que, al activarse, completa el flujo de luz y energía vital en el cuerpo.

El timo no solo es fundamental para el sistema inmunológico, sino que también se conecta directamente con nuestras emociones y vitalidad espiritual. Cuando el timo es activado, esta luz interior no solo nutre nuestra alma, sino que refuerza nuestro cuerpo físico y emocional.

Es un órgano cuya función estuvo llena de misterio durante

Jesús M. Torres Jr.

siglos. Su ubicación cerca del corazón y su aparente atrofia con la edad lo relegaron a ser considerado irrelevante por mucho tiempo. Sin embargo, estudios más recientes han revelado que el timo es esencial en la maduración de las células T, fundamentales para la respuesta inmunológica del cuerpo.

Esta conexión entre el timo, el sistema inmunológico y la energía vital ha llevado a un redescubrimiento de su importancia tanto física como espiritual. Durante mucho tiempo, el timo fue un órgano olvidado. Comienza a atrofiarse después de la pubertad, lo que hizo que los primeros anatomistas lo consideraran inútil. Sin embargo, descubrimientos modernos han revelado que, aunque disminuye de tamaño, su impacto en el sistema inmunológico y en el equilibrio emocional sigue siendo esencial.

La palabra "timo" proviene del griego "thymos", que significa energía vital o alma, una conexión que desde la antigüedad apuntaba a su dimensión espiritual.

A medida que el timo se activa en la secuencia de luz, ayuda a equilibrar nuestras emociones, manteniendo la paz interior y fortaleciendo nuestro sistema inmunológico.

Secreto del golpe en el pecho

¿Por qué se golpea el pecho para activar el timo? En tradiciones espirituales y antiguas, se habla de la práctica de golpear suavemente el pecho para activar el timo. Este gesto, que aparece incluso en la parábola de Lucas 18:13, donde el publicano se golpeaba el pecho mientras oraba, tiene un significado más profundo. No solo es un gesto de arrepentimiento, sino también una forma de activar el timo, lo que aumenta la energía vital y el equilibrio emocional.

Los estudios modernos sugieren que el acto de golpear suavemente el área del timo estimula el sistema inmunológico y eleva los niveles de energía, ayudando al cuerpo a responder mejor al estrés y a las emociones negativas.

Fue solo a mediados del siglo XX cuando se descubrió la verdadera importancia del timo. Los científicos hallaron que este órgano produce linfocitos T, cruciales para el sistema inmunológico. Aunque su tamaño disminuye con la edad, el timo sigue funcionando en los adultos, ayudando a mantener el sistema inmunológico activo y en equilibrio.

El timo también está relacionado con el bienestar emocional y se ha sugerido que la atrofia del timo en la edad adulta podría estar vinculada con el aumento de las enfermedades autoinmunes y el deterioro emocional. Esto refuerza la idea de que el timo, más allá de su papel físico, tiene un impacto profundo en nuestro equilibrio espiritual y emocional.

Conclusión: El Timo como Segundo Centro de Luz

Después de la activación de la glándula pineal, el timo es el siguiente órgano que se ilumina, completando el circuito de luz y energía dentro del ser humano. Su activación no solo fortalece el cuerpo físico mediante el sistema inmunológico, sino que también equilibra nuestras emociones, permitiendo que la luz interior que se ha despertado continúe fluyendo y nutriendo tanto el cuerpo como el espíritu.

Para activar esta luz interior que Jesús el hebreo enseñaba, existen diversas prácticas espirituales que han sido utilizadas durante siglos para encender esa lámpara interna. Estas prácticas no solo iluminan nuestro espacio espiritual, sino que también tienen efectos positivos en nuestra biología, estimulando los biofotones dentro de nuestro cuerpo.

Jesús M. Torres Jr.

Aquí te presento algunas recomendaciones basadas en enseñanzas hebreas para activar esa luz: Meditación en las letras hebreas no solo son símbolos, sino que contienen un poder espiritual profundo.

Meditar en letras específicas, como "or" (luz), puede ayudar a activar los biofotones en nuestro cuerpo. Los biofotones son pequeñas partículas de luz emitidas por nuestras células, y están directamente involucradas en la comunicación celular y en los procesos de sanación.

Tefilá (oración): La oración profundamente alineada con las raíces en las palabras sagradas en hebreo, tiene el poder de iluminar nuestra conexión con los niveles espirituales superiores. La repetición de ciertas palabras hebreas como Ein Sof y Or pueden despertar nuestra luz interna y permitirnos conectar al infinito.

Nigún (cantos espirituales): Los nigúnim, espirituales y joyosos, tienen el poder de abrir los centros energéticos del cuerpo, permitiendo que la luz fluya a través de nosotros. La combinación del canto con la intención espiritual puede despertar el alma y activar la glándula pineal y el timo, ayudando a que la luz interior brille más intensamente.

Beneficios de activar los biofotones a través de las letras hebreas:

1. Incremento de la vitalidad: La activación de los biofotones aumenta la energía vital en el cuerpo, lo que resulta en una mayor claridad mental y fuerza física.

2. Mejora en la comunicación celular: Los biofotones son responsables de transmitir información entre células y, al activarlos, mejoramos el flujo de energía en todo nuestro cuerpo.

3. Sanación acelerada: Las prácticas de meditación en letras hebreas pueden activar los biofotones, lo que se ha relacionado con la aceleración en los procesos de sanación.

4. Expansión de la conciencia: A través de estas prácticas, es posible acceder a niveles de conciencia más elevados, permitiendo una mayor comprensión espiritual y una conexión más profunda con lo divino.

Ejercicio de meditación en la letra hebrea "Or" (luz):

1. Encuentra un espacio tranquilo donde puedas sentarte sin distracciones.

2. Cierra los ojos y respira profundamente, visualizando una luz brillante en el centro de tu frente (la ubicación de la glándula pineal).

3. Comienza a visualizar la letra hebrea "or", visualizando cómo la luz que emite va llenando todo tu cuerpo.

Mientras te concentras en la visualización, repite mentalmente la palabra "or" y siente cómo cada repetición aumenta la luz dentro de ti.

Imagina que esa luz comienza a irradiar de tu interior hacia el exterior, iluminando todo lo que te rodea.

Mantén la concentración durante unos minutos, sintiendo que te conectas con el Ein Sof, el Ser Infinito, a través de la luz que has generado.

Al practicar esta meditación regularmente, los beneficios de la activación de la luz y la estimulación con los biofotones comenzarán a manifestarse, y experimentar una mayor claridad mental y una sensación de equilibrio más profunda.

Con esta poderosa práctica, cerramos este capítulo, entendiendo que la luz que Jesús el hebreo nos enseñó a activar no es solo una metáfora, sino una realidad que podemos vivir diariamente, conectándonos tanto con nuestra energía interior como con los misterios divinos.

Próximo capítulo: El ojo de HashemEn el siguiente capítulo exploraremos cómo el ojo representa la visión divina, la conexión con los mundos superiores y el portal hacia la sabiduría infinita.

EL JESÚS QUE NUNCA ME PRESENTARON

ME

PRESENTARON

ישׁוע

CAPÍTULO 6
EL OJO DE HASHEM

Nota Aclaratoria:

En la tradición judía, el término Hashem se usa como una forma de referirse a Dios, pero es importante comprender que Hashem no es un nombre divino en sí mismo, sino que significa literalmente "el Nombre" en hebreo.

Esta referencia se utiliza para evitar pronunciar el Tetragrámaton (las cuatro letras sagradas: Yud Hei Vav Hei), que es el nombre más sagrado de Dios. El Nombre, en su forma completa, es considerado tan santo que solo se pronuncia en momentos muy específicos, como en el Templo en Jerusalén. El Tetragrámaton, entonces, no es solo un conjunto de letras, es un símbolo del misterio divino.

En la mística judía, el Nombre refleja la esencia eterna e inmutable de Dios, y cada una de sus letras tiene un significado profundo relacionado con la creación, el tiempo y el ser. En este sentido, el Nombre es un código espiritual que afecta no solo el universo, sino también al alma humana.

Desde una perspectiva metafísica, el Nombre contiene el poder creador y sustentador del cosmos, actuando como un vínculo entre el ser humano y lo divino. A nivel del alma, el Nombre tiene el potencial de activar una transformación espiritual, ya que nos conecta directamente con la fuente de toda vida y energía.

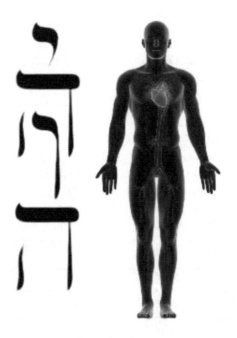

Lo más intrigante y profundo es que el Nombre de Dios, cuando se escribe verticalmente (Yud Hei Vav Hei), toma la forma de un exoesqueleto humano espiritual. Las letras del Tetragrámaton se alinean con las dimensiones del cuerpo humano, sugiriendo que el ser humano fue creado en la forma y diseño divino. Esta estructura vertical del Nombre actúa como una cobertura o protección energética para el alma, representando no solo la conexión entre lo físico y lo divino, sino también la relación íntima entre el Creador y su creación.

Jesús M. Torres Jr.

> Así, al meditar en el Nombre y concentrarnos en Hashem, accedemos a una dimensión más profunda de nuestra propia espiritualidad, permitiendo que el poder y la luz divina transformen nuestro ser desde adentro hacia afuera.

Jesús, profundamente inmerso en la sabiduría mística hebrea, no realizaba acciones sin que estuvieran conectadas a un propósito espiritual.

En Lucas 10:1-6, al enviar a los 70 discípulos, estaba desplegando un plan espiritual de gran alcance, en el que el número 70 tiene una resonancia mística clara. En la tradición hebrea, el número 70 está relacionado tanto con las 70 naciones del mundo como con las 70 caras de la Torá, que representan las múltiples formas de interpretar la sabiduría divina.

Cada uno de los 70 discípulos representa una expresión viva de la Torá.

Estas 70 caras representan diferentes maneras de interpretar la Torá, pero también son reflejos de las 70 expresiones del alma y su personalidad.

La idea de que la Torá posee 70 caras es una enseñanza profundamente arraigada en la tradición rabínica y mística hebrea. Esta revelación no solo refleja la multiplicidad de significados ocultos en las Escrituras, sino también la capacidad de la Torá para revelar nuevas verdades en cada generación.

Según el Talmud (Sanhedrín 34a), existen al menos 70 maneras válidas de interpretar la Torá, subrayando que no hay una única perspectiva que agote su esencia.

El Zohar, fuente principal de la mística hebrea, profundiza en este concepto al afirmar que cada palabra, cada letra, y hasta los trazos más pequeños de la Torá, contienen secretos que esperan ser desvelados. Estos significados abarcan desde lo literal hasta lo más místico, creando un campo infinito de exploración espiritual.

De este modo, la Torá se presenta como una fuente inagotable de sabiduría, siempre abierta a nuevas interpretaciones que enriquecen la conexión entre lo divino y lo humano.

Jesús, al enviar a los 70 talmidim (discípulos) de dos en dos, estaba llevando a cabo una misión con un simbolismo más profundo de lo que podría parecer a simple vista. En la tradición hebrea, los discípulos no eran solo estudiantes, sino también representantes legales de su maestro, llamados a perpetuar sus enseñanzas.

El término talmidim proviene de la raíz hebrea LMD, que significa "aprender", pero su rol no se limitaba al aprendizaje pasivo. Como representantes autorizados de Jesús, ellos actuaban bajo su autoridad, llevando su mensaje y su poder al mundo del siglo I. Este acto de enviar a los talmidim de dos en dos no era casualidad.

Con esto establecido, ahora podemos ingresar en lo que no se ve a simple vista de los textos. Usemos las letras hebreas como teclado divino para activar la tecnología sagrada;

La letra de los ojos

La letra hebrea Ayin, cuyo valor numérico es 70, también significa "ojo", y tiene dos patas que pueden simbolizar los dos aspectos conectados al ojo del ser humano.

En la mística hebrea, el ojo simboliza tanto la percepción física como la visión espiritual. El Ojo de Hashem, mencionado en Salmos 33:18, es el ojo que nunca se cierra y que todo lo ve, asegurando la supervisión constante sobre las almas y el mundo.

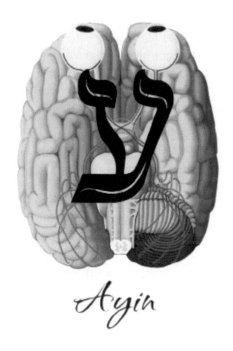

Ayin

Al unir a los discípulos en pares, Jesús reflejaba los dos ojos humanos y, al mismo tiempo, conectaba esta misión con una visión espiritual más profunda. Los discípulos eran los ojos de Dios en la Tierra. El significado espiritual del "ojo de Hashem" es que no solo cuida y protege a los justos, sino que actúa como guía y luz. En la misión de los discípulos, los "ojos de Hashem" eran un faro que iluminaba la tierra, revelando las verdades espirituales que solo pueden ver los ojos que perciben más allá de lo físico.

Este concepto del "ojo divino" es un eco de la tradición hebrea. En la antigua Egipto, el Ojo de Horus representaba la justicia y la protección. En la mística hebrea, el Ojo de

Hashem representa no solo la protección, sino también la vigilancia constante que cuida de las almas. Sin embargo, mientras el Ojo de Horus estaba vinculado a la naturaleza y lo físico, el Ojo de Hashem va más allá, protegiendo a todos aquellos que caminan en la verdad y en la justicia. Jesús, al enviar a los discípulos de dos en dos, les conectaba directamente con este poder de percepción, capaces de sanar y guiar espiritualmente a aquellos que encontraran.

De manera similar, el Ojo de Dios en el mundo griego simbolizaba la justicia y el poder, mientras que el Ojo de Hashem es un código inscrito en la letra Ayin, con el valor de 70. Ayin no solo refleja una imagen divina de justicia y verdad, sino que espiritualmente, abre una puerta a la percepción más allá de la realidad física. Al seguir este camino de justicia, los discípulos se convertían en ojos místicos, observando cada acción y, al mismo tiempo, elevando verdades a quienes no alcanzaban la verdad aún.

Esta vigilancia divina se extiende más allá de las fronteras, conectándonos no solo a Israel, sino a todo aquel que busca la verdad, como lo declara Deuteronomio 11:12: "La tierra del Señor, Dios, está siempre sobre ella, desde el principio del año hasta el fin". La conexión entre lo físico y lo espiritual está claramente reflejada en la antigüedad, desde Mesopotamia, el Ojo de Shamash y su relación con la justicia, hasta Egipto, donde la asociación humana y espiritual se manifestaba. Sin embargo, el Ojo de Hashem trasciende, ya que no solo observa lo visible, sino que entiende lo que está oculto en el corazón de cada ser humano.

Jesús M. Torres Jr.

> Este ojo divino es una radiografía
> espiritual que no se detiene en
> lo superficial, sino que penetra
> hasta el alma, escudriñando
> y revelando lo que las manos
> humanas no pueden ver.

La misión de los discípulos de Jesús también puede compararse con el Ojo de Odín en la mitología nórdica, que representaba la sabiduría adquirida a través del sacrificio. Mientras que Odín sacrificó un ojo para adquirir conocimiento profundo, Jesús transmitió el conocimiento divino a través de la luz del Ojo de Hashem, sin necesidad de sacrificios físicos personales, sino a través del poder del Nombre Sagrado, el Tetragrámaton, que contiene dentro de sí la conexión con lo divino y la verdad.

Este acto de enviar a los discípulos de dos en dos es un reflejo directo de cómo los ojos físicos pueden percibir lo que es visible, pero los ojos espirituales, representados por el Ojo de Hashem, pueden revelar verdades más profundas.

Estudios modernos han demostrado que los seres humanos pueden percibir cuando están siendo observados, incluso con los ojos cerrados, lo que sugiere una conexión más profunda entre la mirada y la presencia espiritual. La mirada del ojo de Hashem activa algo en el alma. Admiración consciente y seria, tener la conciencia y sensación de que la divinidad me está observando 24 horas seguidas.

> Los discípulos, al actuar como
> los "ojos" de Jesús, no solo
> observaban físicamente, sino
> que escaneaban espiritualmente,
> revelando la luz divina en
> aquellos a quienes encontraban.

Así, Jesús, al enviar a sus discípulos, activaba un símbolo místico que conectaba con las antiguas civilizaciones y sus representaciones del "ojo divino", pero llevaba este concepto a un nuevo nivel de profundidad espiritual. Al actuar como talmidim, no solo eran aprendices, sino representantes legales de la verdad divina, y en su misión, llevaban consigo el poder del Ojo de Hashem, el ojo que nunca duerme y siempre está presente para guiar, proteger y revelar lo oculto en el alma humana.

Cada alma refleja una de las 70 caras de la Torá, lo que implica que el alma tiene diferentes formas de manifestar la sabiduría divina. Jesús no estaba enviando simples emisarios, sino manifestaciones vivientes de la Torá, para difundir las distintas expresiones del alma y la sabiduría a las naciones.

Los 70 discípulos llevaban la Torá en sus huesos

En la mística hebrea, los huesos humanos no son solo una estructura física. Según el Midrash, los huesos representan el blanco del papel sobre el cual está escrita la Torá espiritual. Además, los huesos producen glóbulos blancos, responsables de la memoria inmunológica, una función que refleja la memoria espiritual inscrita en los huesos. El blanco de los huesos representa la pureza del papel divino, y no es casualidad que los huesos sean también la fábrica de los glóbulos blancos, que contienen la memoria inmunológica.

Así como los glóbulos blancos protegen el cuerpo, los huesos protegen y guardan la sabiduría divina inscrita en nuestra esencia interna.

Los huesos en la Torá encierran la idea de "relación"

Jesús, al haber enviado a los 70 discípulos, no solo les confirió una misión externa, sino que les recordó que, en los huesos, se encuentra el código de la Torá, la vida espiritual que siempre está inscrita en los cuerpos de los seres humanos. Esta idea no fue meramente simbólica, sino una promesa de restauración física y de resurrección del alma.

La Torá, con su estructura divina, está inscrita en los huesos, en lo que podríamos llamar el "blanco espiritual". Los huesos, vinculados al número 70, son también un recordatorio de que la humanidad tiene la capacidad de "renacer". En el Valle de los Huesos Secos de Ezequiel, se presenta una visión en la cual el poder de la vitalidad espiritual, interconectada con los huesos, puede devolver la vida. Al igual que esos huesos, las almas pueden renacer, seca después de seca, hasta el resurgimiento completo.

Jesús, consciente de esta realidad, sabía que el proceso de restauración no comenzaba desde lo externo, sino desde dentro, en los huesos. El envío de los 70 no fue simplemente una misión de palabras, sino una transmisión de vida.

Cada uno de ellos llevaba la Torá escrita en sus huesos, como una semilla que debía ser plantada en los corazones de aquellos a quienes encontraran en su camino.

En la medicina, el trasplante de médula ósea es un proceso que permite la regeneración de células nuevas y saludables en un cuerpo enfermo. En el plano espiritual, Jesús actuaba como el activador de una dinámica similar, pero más profunda. Al igual que los huesos secos de Ezequiel, que esperaban el soplo de vida, las almas humanas, secas y fracturadas, esperaban el trasplante de vida proveniente de la Torá.

Cuando los discípulos fueron enviados, llevaban consigo esa "médula" divina, esa médula de la Torá inscrita en sus huesos, trasplantando en aquellos que escuchaban la verdad de su mensaje, la semilla espiritual. Al actuar como faros de luz, su misión era resucitar, no despertar el alma desde un nivel físico, sino una resurrección total, un despertar del alma que Jesús entendía como parte de su mensaje más profundo.

Despertando el Alma Hebrea: Un Proceso de Reconciliación Interior

Jesús, como maestro de la espiritualidad hebrea, enseñaba simplemente a conectar con lo divino desde la raíz primera. El alma, según sus enseñanzas, estaba inscrita en los huesos, el pilar de toda existencia espiritual. En el Valle de los Huesos Secos de Ezequiel, la enseñanza estaba clara: la vida espiritual no es solo una idea abstracta, sino que debe despertarse a través de los huesos, el verdadero proceso de restauración del alma.

El Valle de los Huesos Secos de Ezequiel no era solo una visión de la realidad literal, sino una metáfora, como un cuerpo sin vida, hasta que la ruah (espíritu) soplara en ellos. Este acto de resurrección no solo era literal, sino una profunda enseñanza individual que debe despertar en el ser humano su verdadera esencia. El alma, al igual que los huesos, está conectada a la vida en su forma más pura.

Jesús M. Torres Jr.

El concepto de los huesos como contenedores de la Torá es una tradición profundamente enraizada en la espiritualidad hebrea. Es el blanco interno de la creación. Los huesos deben ser restaurados, y Jesús sabía que la misión de los discípulos era revitalizar estas verdades espirituales en cada individuo. Jesús, al enviar a los 70, lo hacía sabiendo que su misión era plantar esta "médula viva", activando los huesos secos, devolviendo la vida a donde la esencia espiritual se había secado.

El proceso de restauración que enseñaba Jesús es conocido como el trasplante de médula ósea. No es un acto externo, sino un proceso profundamente interno, donde la restauración desde dentro comienza en el lugar más profundo de nuestros huesos.

Estos 70 enviados no solo llevaban un mensaje; ellos mismos eran el mensaje.

El Valle de los Huesos Secos no es solo una visión de restauración física, es un símbolo del proceso de sanación que cada alma debe atravesar. Los huesos secos representan la desconexión, el vacío, la pérdida de propósito. Pero en ese valle hay esperanza, porque los huesos pueden revivir. A través de la Torá inscrita en ellos, a través del aliento de vida que proviene de Hashem, el alma puede ser restaurada.

Jesús enseñaba que este despertar no era un acto milagroso distante, sino un proceso accesible a todos. El trasplante de médula espiritual ocurre cuando la Torá en nuestros huesos es activada, cuando nos reconectamos con nuestra esencia hebrea, con la chispa divina que está adormecida dentro de nosotros. Este despertar es tanto individual como colectivo.

Así como los huesos del Valle se conectaron entre sí, formando un cuerpo, el alma hebrea, una vez despierte, se reconecta con el alma colectiva de Israel con Hashem.

El lector no debe ver esto como un concepto distante o meramente teórico. Este proceso de despertar es accesible en cada momento. Tal como los discípulos llevaban la Torá en sus huesos, cada uno de nosotros tiene inscrito ese código divino que espera ser activado. El despertar del alma hebrea es una invitación a reconectar con nuestras raíces espirituales, a permitir que la Torá que ya está en nosotros fluya nuevamente, sanando las fracturas, restaurando los tónicos espirituales que nos unen a nuestra fuente divina.

Jesús enseñaba cómo vivir esta realidad de forma práctica, no como un dogma, sino como un camino de vida. Despertar el alma requiere que nos desvistamos, en lo más profundo de nuestro ser, de las veladuras y la instrucción divina que necesita ser activada para que la vida en plenitud vuelva a fluir. Al igual que el cuerpo necesita médula ósea sana para producir vida, el alma necesita reconocer que la Torá en sus huesos para despertar y restaurar su relación con Hashem.

El despertar del alma hebrea, como enseñaba Jesús el hebreo, no es un acto externo, sino una transformación profunda que ocurre en los huesos, en la médula espiritual donde está inscrita la Torá. El envío de los 70 fue una manifestación de este proceso, un trasplante espiritual que tiene el poder de revivir no solo a Israel, sino a cada alma que ha olvidado su conexión divina.

Jesús M. Torres Jr.

El Poder de los Tefilín: Despertando lo Divino en el Cráneo

El cráneo humano, desde una perspectiva espiritual, es mucho más que una estructura que protege el cerebro. Es un portal, un puente hacia lo divino. En la espiritualidad hebrea, el cráneo, al igual que el alma, es visto como el lugar donde se puede establecer una conexión entre lo físico y lo eterno. Al conectar los tefilines en el cráneo, esos pequeños estuches de cuero usados durante la oración por los judíos se convierten en una herramienta mucho más profunda de lo que parece a simple vista.

Se colocan en la frente y el brazo durante las oraciones matutinas judías, específicamente durante los días de semana. Dentro de la caja del tefilín se encuentran cuatro secciones de la Torá, escritas en pergaminos:

1. Éxodo 13:1-10 – Sobre la santificación de los primogénitos y la obligación de recordar la salida de Egipto.

2. Éxodo 13:11-16 – Relacionado con la redención de los primogénitos y la importancia de recordar que Dios nos sacó de Egipto con mano fuerte.

3. Deuteronomio 6:4-9 – El Shemá Israel, que ordena amar a Dios con todo el corazón y enseña la obligación de atar estas palabras como señal en la mano y como frontales entre los ojos.

4. Deuteronomio 11:13-21 – Que detalla las recompensas por cumplir los mandamientos y las consecuencias de no hacerlo, con instrucciones de atar estas palabras como señal en la mano y como frontales entre los ojos.

Se utilizan para cumplir el mandamiento bíblico de llevar estas enseñanzas "como una señal en tu mano" y "como frontales entre tus ojos" (Deuteronomio 6:8), conectando la mente y el corazón con el servicio a Dios en el judaísmo.

Lo que muchas personas aún no
conocen es que dentro de la caja
del tefilín hay una letra grabada,
una letra especial: la Shin (ש).

Esta letra es considerada un símbolo de la protección divina y, de hecho, es una de las letras que representan un nombre sagrado de Dios. Es como si esta letra actuara como una antena cósmica, una especie de receptor espiritual que conecta directamente a la persona con las energías más elevadas del universo.

La presencia de la letra shin no
es simplemente decorativa, sino
que abre las puertas a un misterio
profundo.

De un lado, se muestra la shin con sus tres brazos, y del otro, la extraña y casi mística shin de cuatro brazos, algo que no se ve en ninguna otra parte del alfabeto hebreo. Esta letra, grabada en el estuche, no está ahí al azar, sino como un símbolo del nombre divino Shaddai, uno de los nombres más poderosos de Dios, que guarda la clave de la protección divina. Pero ¿por qué esa shin tiene cuatro brazos? Aquí se esconde una intriga más profunda, una que evoca la totalidad del mundo. Las cuatro direcciones cardinales y la protección completa del poder divino. Cada brazo es una promesa, un lazo entre el cielo y la tierra,

Jesús M. Torres Jr.

entre el pensamiento humano y lo divino, que nos invita a preguntarnos: ¿Qué poder espiritual se esconde en este simple pero sagrado símbolo que descansa sobre la mente del que lo lleva?

Si este es tu primer encuentro con los tefilín, es importante saber que son más que una simple tradición. Son un símbolo de la unión entre el ser humano y lo divino, una antena espiritual que abre la mente y el alma hacia lo que está más allá de este mundo material.

Al colocarlos sobre la cabeza y el brazo, marcan un camino que conecta lo visible con lo invisible, lo temporal con lo eterno.

Pero lo más intrigante es que en esta antigua práctica se encuentra un secreto poco conocido. Aunque este pequeño hueso, oculto en el cráneo, llamado el hueso luz (luz significa literalmente "luz"), es también una clave que protege y guarda los poderes místicos de los glóbulos blancos, vinculados a protección espiritual y restauración.

Según las enseñanzas hebreas, los huesos son indestructibles y juegan un rol esencial en la chispa y la resurrección. En ellos habita la memoria espiritual, y siguen después de la muerte, y en ellos la semilla de la vida se reencuentra.

Cada vez que una persona se coloca los tefilines, algo profundo sucede. No es solo un acto físico, es una activación espiritual. Los tefilines no se colocan sobre la cabeza, cerca del cerebro y el alma, y el brazo sobre el corazón, sino también sobre el hueso sagrado, llamado hueso luz, el cual está enfocado en la espiritualidad. Y lo que marca el lugar donde el alma se reconecta en un renacer más profundo. Los tefilines no solo cargan con un mensaje eterno, sino también con el conocimiento que podría traer el renacer espiritual.

Aquí el diseño de los tefilines conecta a una fuerza espiritual que convierte este renacimiento en algo profundo, donde el hueso luz es visto no solo en la resurrección final, sino en cada acto de vida que se activa.

Jesús M. Torres Jr.

> El acto de despertarnos en la mañana para orar es más que observar el alma, es realmente un proceso de transformación, de comenzar a despertar la sabiduría espiritual en cada paso.

En cuanto a su ubicación física, los rabinos y algunas fuentes señalan la unión en la parte superior del cráneo, directamente en la base del hueso atlas, la primera vértebra cervical, donde la conexión con el alma ocurre. El hueso luz está ahí, en la base del cráneo. Sin embargo, es aquí donde la esencia de la vida y la resurrección espiritual está ligada a la tradición.

Este pequeño hueso, ubicado en la base del cráneo, es más que una simple parte del cuerpo. Desde que comienza el diseño de los tefilín, el hueso ha permanecido intacto, esperando el momento en que se activa el despertar. Al rezar y usar los tefilín, se activa un ciclo de conexión, en lo más profundo de nuestro ser, algo que une mente y alma.

Cuando los tefilín se colocan sobre la cabeza, con sus correas envolviendo el cráneo y acercándose a esta área del hueso luz, algo más sucede. Es como si el universo mismo se conectara dentro de nosotros, depositando nuestra memoria espiritual.

Las correas, junto con la letra Shin en la caja delantera, parecen actuar como una antena espiritual, captando y canalizando la energía divina hacia mente y alma.

Aquí es donde todo comienza a tomar aún más sentido. En capítulos anteriores, mencionamos el cerebro del Mashiaj, esa conciencia superior que unifica lo físico y lo espiritual. Los tefilín, cuando se colocan sobre la cabeza, no solo protegen la mente, sino que también liberan esa chispa que está oculta en el hueso luz, iniciando un ciclo de energía más allá de la sabiduría divina.

Imagina que cada vez que amarramos los tefilín, estamos alineando el cerebro con esa conciencia superior, usando las conexiones cerebrales y reconectando con el conocimiento de Hashem. La letra Shin situada en el ojo de la protección divina, pero también es la clave para abrir una puerta hacia lo eterno.

Es como si al colocar los tefilín estuviéramos activando no solo nuestro cerebro, sino la puerta de nuestros ojos que ha estado esperando despertar.

Así como las correas de los tefilín envuelven el cráneo y conectan con el hueso luz, deben limpiarse los huesos cargados y renovar la sabiduría que resucita en los huesos de los santos, depositándose de lo espiritual a lo físico.

Cada vez que portamos los tefilín, estamos viviendo el mismo ciclo de la sabiduría de la Torá, activando una chispa divina y reconectando con el cerebro del Mashiaj, esa conciencia superior que une lo físico y lo espiritual. Este acto, aunque simple a primera vista, es un ciclo de despertar y elevar lo que estaba dormido.

Jesús M. Torres Jr.

Una misión mística secreta hacia un Maravilloso Rescate de almas

Ahora bien, Jesús no envió a sus discípulos con una misión cualquiera. Envió a sus talmidim a despertar almas en su máximo esplendor. En la mística hebrea, dentro de cada uno de esos 70 discípulos existía el Shemá, la superpotencia divina. Ellos no solo llevaban el mensaje en sus palabras; dentro de ellos latía la Torá en sus huesos.

El misterio de la misión no es solo visible por los ojos humanos. Ellos entraron en la matriz de agua, el mundo terrenal, para activar un maratón de almas, la verdadera resurrección. A simple vista una tarea casi de locura, pero en realidad era la visión más clara que una conexión divina podía imaginar: despertar las almas en el mar terrenal. Sus pies en este mundo resonaban con las aguas místicas de nivelación, conectando la vida visible con lo invisible, lo terrenal con lo eterno.

Aunque Jerusalén es conocido como un punto de partida directo, es posible que el envío haya ocurrido en más de un solo lugar, ya que Jesús el hebreo y sus discípulos pasaban bastante tiempo en el mar.

> Jerusalén no es solo una ciudad física, sino una matriz espiritual desde donde las almas ascendían al mundo físico hacia donde regresan para reconectarse con su origen divino.

El nombre Yerushalayim (ירושלים), que quiere decir Yara (enseñar) y Shalem (paz o completitud)), habla de la conexión entre el mundo de la paz y la vida. En Gálatas 4:26, Pablo habla de Jerusalén de Arriba, la madre de todos nosotros, lo que reafirma esta ciudad celestial como portal de sabiduría.

Desde esta perspectiva, Jerusalén es vista no solo como un portal cósmico, el lugar donde lo divino guía y penetra el cuerpo. En el Roca, ubicada en el lugar del Templo, se crea un portal dimensional según la tradición hebrea, y el lugar de donde emerge la divinidad. Es desde allí que Jesús enseñaba, conectándose con el origen último de la creación y asegurando que llevara la sabiduría eterna al mundo.

"Shalom" es más que un saludo, es un código.

En Lucas 10:5, Jesús instruye a sus discípulos a decir "Shalom" al entrar en cualquier casa, Esta calma verbal no solo representa tranquilidad.

Jesús M. Torres Jr.

En la mística hebrea, Shalom no significa solo paz, sino que implica completitud, plenitud y conexión con el divino. Cuando los discípulos pronunciaban "Shalom", estaban restaurando y preparando el alma de la persona, reconectándola con su origen divino y recordándole su plenitud espiritual.

Ese shalom no era un mero gesto en una situación del alma que necesita la persona que no ve su conexión con la Matriz de Jerusalén, no era para aquellos que pelean por sobrevivir. Era un llamado de rescate en conexión con la fuente de paz.

En este contexto espiritual, lo podemos entender con el concepto de Hineni (הנני) que significa "paz activa". Este es un término especial en la mística hebrea, utilizado por figuras como Abraham, Moisés y Samuel cuando respondían al llamado divino, siempre con el objetivo de cumplir con la voluntad de Dios, utilizando este saludo de energía cósmica y paz en las raíces.

La misión de los 70 discípulos procede como una respuesta colectiva de Hineni al llamarlos por la fe, resonando no solo en aquellos que escucharon el mensaje, sino en sus propios discípulos, quienes lo entendían ya no solo como un simple saludo, sino como un despertar. En esencia, es un proceso de paz activa en acción cósmica espiritual, reconectando la misión de Jerusalén y activando esa calma que unifica el místico, las interacciones materiales y elevándolas en la voluntad divina.

El envío de los 70 discípulos por Jesús el hebreo es la totalidad de la pluralidad de la Torá y las expresiones del alma humana.

Cada uno de los discípulos llevaba consigo una faceta de la sabiduría divina, una cara de la Torá inscrita en su ser, reflejando las 70 expresiones del alma que se manifiestan en la vida. Esta misión no era solo una tarea física, sino una manifestación espiritual, en la que cada discípulo respondía con un Hineni al llamado divino, entregándose completamente a su propósito.

El Shalom que traían a las casas no era simplemente un saludo; era un recordatorio espiritual de la plenitud del alma, un programa divino que se activaba para recordar a las almas su origen y destino en la Matrix espiritual de Jerusalén. Los discípulos, actuando como extensiones del Ojo de Hashem, llevaban consigo la protección divina y la capacidad de neutralizar el Ojo Maligno, guiando a las almas hacia la luz.

Finalmente, los huesos humanos, como se menciona en el Midrash, reflejan la sabiduría inscrita en el cuerpo, el papel divino sobre el cual la Torá ha sido escrita. Estos huesos, que contienen la memoria espiritual a través de los glóbulos blancos, actúan como un puente entre lo físico y lo espiritual, asegurando que la conexión con lo divino nunca se pierda, incluso en los momentos de mayor oscuridad. Este es el verdadero sentido de la misión de los 70 discípulos: una manifestación de la Torá viva, protegida y guiada por la voluntad divina, llevada al mundo como un acto de responder al llamado de Dios con un Hineni claro y firme.

Meditación con la letra Ayin

La letra Ayin, con su aire de transparencia y atención, es el centro del Ojo de Hashem que conecta directamente con el alma. Esta meditación se enfoca en abrir nuestros horizontes internos y espirituales.

En la tradición hebrea, cada letra tiene un significado y poder espiritual único, y Ayin representa la capacidad de ver con un enfoque espiritual en el mundo visible y en el invisible.

Al visualizar la letra Ayin, puedes elevar tu atención al umbral de lo no visto, enraizándote en una visión que trasciende lo físico.

Ejercicio de meditación con la letra Ayin

•Busca un lugar donde puedas estar en silencio y paz.

•Puedes estar sentado en una posición recta, con los pies bien plantados en el suelo.

•Respira profundamente. Comienza con una respiración profunda, inhalando por la nariz y soltando lentamente el aire por la boca.

•Haz esto unas cuantas veces para calmar mente y cuerpo.

1.Cierra los ojos e imagina la letra Ayin. Siente cómo se forma en tu mente, clara y poderosa. Permite que la imagen de la letra Ayin, con sus dos "patas" extendiéndose como raíces firmes, se haga presente en tu visión interna. Siente cómo te lleva a conectar con lo más allá de lo físico, con la capacidad de ver lo sutil y lo espiritual.

2.Vocaliza el sonido de Ayin. Ahora, mientras sigues respirando profundamente, comienza a vocalizar el sonido de la letra Ayin.

3.Puedes hacerlo alargando el sonido de una manera suave, como un susurro que resuena en tus labios y garganta. Al emitir el sonido, siente que el sonido vibra en tu interior, conectándote con la energía espiritual de la letra.

4.Mientras vocalizas, imagina que cada vibración de la letra Ayin trae "ojos espirituales". Siente cómo, con cada vibración del Ayin, abres ese ojo espiritual que te lleva más allá de lo físico. Un ojo que te conecta con las verdades profundas de tu alma.

5.Permanece en la experiencia. Continúa vocalizando la letra Ayin mientras te sumerges más profundamente en la experiencia. Siente cómo tu ser empieza a vibrar en sintonía con lo divino en Hashem. Puedes continuar este ejercicio durante 5 a 10 minutos o más, según lo necesites.

Cierra la meditación: Cuando sientas que el momento ha finalizado, deja de vocalizar lentamente, y vuelve a centrarte en tu respiración. Abre los ojos lentamente mientras sientes la claridad que la letra Ayin ha traído a tu vida. Esta meditación permite que el Ojo de Hashem se abra en tu ser, iluminando tu visión interior. La Ayin te guía, ayudándote a ver el mundo con claridad espiritual y profundidad. Esta meditación te permite acceder a niveles de conexión entre el cielo y la tierra, donde puedes percibir y comprender verdades ocultas dentro de ti y en el mundo que te rodea.

Próximo capítulo: **El Secreto de Su Nombre**

Nos adentramos ahora en el último capítulo de este viaje. En "El Secreto de Su Nombre", revelaremos el poder oculto en el Tetragrámaton, las cuatro letras sagradas del Nombre de Dios. Exploraremos el misterio divino contenido en el Nombre, y cómo este Nombre está inscrito no solo en las Escrituras, sino también en cada alma humana. Prepárate para descubrir cómo el Nombre es la llave final que abre los secretos más profundos del universo y de ti mismo.

Letra Ayin

EL JESÚS QUE NUNCA ME PRESENTARON

יֵשׁוּעַ

CAPÍTULO 7

EL SECRETO DE SU
NOMBRE

Desde los inicios de la creación, el Eterno ha utilizado nombres no solo como formas de identificación, sino como herramientas poderosas que conectan diferentes dimensiones y realidades. Cuando hablamos del Nombre Sagrado, Yud Hei Vav Hei, estamos entrando en un terreno más allá de lo visible. Este nombre no es simplemente una etiqueta para referirse a Dios, sino que es una puerta que abre acceso a múltiples mundos y dimensiones espirituales.

Es la llave maestra que conecta el mundo material con lo espiritual, el cuerpo con el alma, el pasado con el futuro. Invocar este Nombre implica entrar en comunión directa con las fuerzas que mantienen la creación, uniendo lo que parece estar separado.

En la tradición hebrea, el Yud Hei Vav Hei es un nombre impronunciable por su santidad, lo que refleja la incapacidad del lenguaje humano para captar en su totalidad el misterio y la profundidad de este código divino. Sin embargo, cuando nos permitimos meditar sobre las letras que lo componen, entendemos que no se trata solo de un sonido, sino de un sistema vivo, una frecuencia espiritual que organiza y mantiene el universo en movimiento. Este nombre es un vínculo directo con lo que podríamos llamar "la esencia original" de toda la creación, y a través de él, el Eterno se revela en distintos planos.

Un aspecto fascinante del Yud Hei Vav Hei es su posible conexión con la genética humana. Al igual que el ADN contiene los códigos que determinan nuestra estructura física y biológica, el Nombre Sagrado puede verse como un código espiritual que, al ser invocado, transforma nuestra esencia a nivel genético. Si observamos el lenguaje hebreo y cómo las letras forman la base de la creación según la tradición cabalística, podríamos decir que este Nombre tiene el poder de reestructurar no solo nuestras almas, sino también nuestro cuerpo físico.

En cada una de sus cuatro letras, el Yud Hei Vav Hei contiene la clave para un entendimiento más profundo de nuestra relación con la divinidad y la genética. El Yud es la semilla, la chispa inicial que comienza todo proceso; el Hei es la expansión y la manifestación; el Vav es el conector entre lo divino y lo terrenal; y el último Hei representa la realización final en el plano físico. De esta manera, el Nombre Sagrado se convierte en un modelo del ADN espiritual, donde cada letra es un componente esencial de la creación.

Cuando se invoca este nombre conscientemente, se activa un proceso que no solo puede transformar nuestra conciencia, sino que también puede provocar un cambio profundo en nuestra biología.

Tal como en la genética humana, donde pequeñas mutaciones pueden generar cambios significativos, invocar el Yud Hei Vav Hei con la intención adecuada podría provocar una mutación espiritual y genética que nos alinee más profundamente con el propósito divino.

Es importante comprender que la transformación que produce el Yud Hei Vav Hei no es solo metafórica. En la mística hebrea, se enseña que el nombre de Dios tiene el poder de alterar la realidad de quien lo invoca. Así como el ADN codifica la estructura biológica de un ser, el Nombre Sagrado tiene el poder de codificar la transformación espiritual y genética de una persona. Esta transformación implica una elevación de la conciencia, un refinamiento de las facultades del alma y una apertura a nuevas dimensiones de existencia.

A lo largo de la historia, aquellos que se han acercado al Nombre con respeto y reverencia han experimentado profundos cambios en su vida espiritual. El Nombre no es simplemente un conjunto de letras, es un puente entre lo divino y lo humano, una herramienta para activar el potencial latente en el ser humano. Este es el secreto detrás de su invocación: al pronunciarlo, no solo estamos llamando a Dios, sino que estamos activando dentro de nosotros mismos el código de la creación, un código que tiene el poder de transformar nuestro ser a nivel profundo, incluso en un ADN espiritual.

A través de los tiempos, los nombres han sido mucho más que simples etiquetas.

En la espiritualidad hebrea, un nombre es un reflejo profundo del alma, un código que encapsula la esencia y el propósito de cada ser humano.

No es casualidad que tu alma tenga un nombre distinto al que te dieron tus padres. Este otro nombre, el verdadero, guarda un misterio de tu destino oculto. Como dice Isaías 43:1, "Te llamé por tu nombre; tú eres mío." En este pasaje, la Escritura revela que una persona puede tener más de un nombre, expandiendo tanto su identidad terrenal como su identidad espiritual.

Este concepto nos invita a reflexionar sobre el poder que tienen los nombres y la manera en que moldean nuestra percepción de la realidad. El nombre que recibimos al nacer puede estar vinculado a nuestras circunstancias, a la cultura de nuestros padres, e incluso a las expectativas que otros tienen sobre nosotros. Sin embargo, la idea de que el alma tiene su propio nombre sugiere que hay un diseño más elevado en juego, lo que significa que ese nombre oculta representaría la versión pura y auténtica de quienes realmente somos. A lo largo de nuestras vidas, el reto es descubrir y alinearnos con ese nombre espiritual, dejando atrás las limitaciones impuestas por nuestro nombre terrenal.

El poder de nombrar

Este concepto de los nombres no es nuevo; se remonta a los primeros capítulos de la Torá. En Génesis 2:20, Adán recibió la tarea divina de poner nombres a cada criatura en el huerto del Edén. Esto no era un acto arbitrario, sino una asignación sagrada que le permitía captar la naturaleza interna de cada ser.

Por ejemplo: En hebreo, la palabra para perro es Kelev, que literalmente significa "cerca del corazón". Esto nos revela por qué el perro es considerado el mejor amigo del hombre: su nombre refleja su cercanía al corazón humano, tanto en lo físico como en lo espiritual.

Esta asignación de dar nombre a los animales no solo revela la relación entre Adán y la creación, sino también el poder inherente que reside en los nombres. Dar un nombre significa conocer, comprender, y estar en comunión con aquello que se nombra. Es un acto de co-creación junto a Dios, uniendo la palabra y el espíritu. Los nombres que Adán otorgó no fueron meras etiquetas, sino reflejos de las esencias. Por eso, cada palabra en hebreo no es solo una construcción lingüística, sino una ventana a la naturaleza más profunda de lo nombrado. El poder de nombrar sigue siendo un aspecto fundamental en nuestras vidas, ya que, al nombrar, otorgamos significado y dirección a nuestro entorno.

Un caso fascinante de cómo los nombres contienen secretos profundos lo encontramos en Moisés (Moshé). Su nombre, al ser invertido y alterar la secuencia de sus letras en hebreo, revela el nombre sagrado de Hashem (Dios). Este detalle no es casualidad; es una señal de que, desde su nacimiento, Moisés estaba destinado a recibir la revelación del Nombre Divino. Al ser nombrado, ya llevaba dentro de sí la misión de guiar al pueblo hacia el conocimiento del Eterno.

Hashem

Moshé

הַשֵּׁם

מֹשֶׁה

Mem Shin Hei

Hei Shin Mem

Es interesante notar que Moisés, criado en la corte egipcia, tenía un nombre que ocultaba un misterio profundo. La conexión entre su nombre y el nombre de Dios es una muestra de cómo, incluso en las circunstancias más inusuales, el destino divino sigue su curso. El hecho de que el nombre de Moisés encripte el nombre de Hashem indica que su vida estaba destinada a una relación íntima con el Eterno, siendo él el recipiente de la revelación más importante de la historia de la humanidad: la entrega de la Torá. Este concepto nos invita a reflexionar sobre cómo nuestros nombres también pueden encerrar secretos y potencialidades que aún no comprendemos del todo.

Otro ejemplo del poder oculto en los nombres lo vemos en Génesis 37:3. La razón por la cual Jacob regaló una túnica de colores a José va más allá del favoritismo. Entre los nombres de Jacob y José existe una diferencia matemática de 26 dígitos, que corresponde al valor numérico del nombre de Hashem Yud, Hei, Vav, Hei. Esta diferencia revelaba una conexión espiritual profunda entre ambos, vinculando sus destinos al propósito divino.

Este tipo de análisis numérico es conocido como gematría, una técnica cabalística que asigna valores numéricos a las letras hebreas para descubrir conexiones entre las Escrituras. El número 26, correspondiente al nombre sagrado de Dios (Yud Hei Vav Hei), indica que la relación entre Jacob y José estaba marcada por un propósito divino. La túnica de colores simbolizaba mucho más que un acto de favoritismo; era una señal del favor divino, una señal de que José tenía un rol especial en la historia de Israel.

Esto nos enseña que, a menudo, los actos que parecen simples en la superficie contienen profundos significados cuando se ven a través de los ojos de la espiritualidad hebrea.

Significado oculto del nombre hebreo de Jesús

Cuando llegamos al nombre hebreo de Jesús, entre varias maneras de escribir y pronunciar su nombre, lo cierto es que se llamaba Yeshúa. En Mateo 1:20-21, se nos dice que su nombre significa "Él salvará a su pueblo de sus pecados". Pero en el hebreo, el nombre Yeshúa proviene del verbo yesha', que significa "rescatar". No es solo una referencia a sus actos físicos, sino una programación espiritual que encapsula su misión: rescatar, restaurar y guiar. Esto nos muestra que los nombres implican tres elementos esenciales: identidad, diseño y destino (Tikún). Cada uno de estos aspectos está codificado en el nombre, y son las claves que definen la misión de cada alma.

Este triple concepto de los nombres nos revela que cada persona nace con una identidad divina, un diseño espiritual que guía su vida, y un destino que debe cumplir. El nombre de Yeshúa no solo reflejaba su identidad como el Mesías, sino también el diseño de su misión y su destino final: la redención. Esta comprensión nos invita a meditar en nuestros propios nombres y en cómo pueden reflejar las tres dimensiones de nuestra existencia espiritual.

Así como Yeshúa llevaba una misión inscrita en su nombre, cada uno de nosotros tiene un destino único que se refleja en el nombre de nuestra alma.

Jesús mismo reconoció el poder transformador de los nombres. Un ejemplo claro de esto es el cambio de nombre de Simón a Cefas. En Juan 1:42, Jesús le dice: "Tú eres Simón, hijo de Jonás; pero serás llamado Cefas". Simón significa "caña sacudida por el viento", reflejando su naturaleza fluctuante. Sin embargo, al cambiarle el nombre a Cefas (que significa "piedra"), Jesús lo desvinculó de los patrones heredados y lo alineó con su verdadero destino. Este cambio de nombre no solo le dio una nueva identidad, sino que también reveló su diseño espiritual: firmeza y estabilidad, algo que Simón necesitaba para cumplir su misión.

Este cambio de nombre simboliza un acto profundo de transformación espiritual. Cuando Jesús cambia el nombre de Simón a Cefas, está cortando los lazos que lo mantenían atado a su pasado y abriendo el camino hacia una nueva identidad. Este cambio representa la capacidad de dejar atrás las limitaciones impuestas por el entorno y abrazar el verdadero potencial del alma. Al otorgarle el nombre Cefas, Jesús le da a Simón una visión de quién realmente está destinado a ser: una roca sobre la cual se construiría una comunidad de almas.

Tu verdadero nombre está escondido en tu alma

Así como Simón encontró su verdadero nombre, cada uno de nosotros lleva dentro de su alma un nombre oculto. En hebreo, la palabra Neshamá (alma) contiene en su centro las letras Shin y Mem, que forman la palabra Shem (nombre). Esto significa que dentro de nuestra propia alma se encuentra nuestro verdadero nombre, el nombre que define quién somos realmente y cuál es nuestra misión en este mundo.

Este concepto nos invita a una profunda introspección: ¿qué significa realmente nuestro nombre? ¿Qué secretos contiene sobre nuestra verdadera naturaleza? A través del estudio, la meditación y la búsqueda espiritual, podemos comenzar a desvelar esos misterios y alinearnos con el propósito para el cual fuimos creados. Descubrir nuestro verdadero nombre no es solo un ejercicio intelectual, sino una experiencia de transformación personal que nos lleva más cerca de nuestra verdadera esencia.

El nombre Yeshúa no solo representa a una persona histórica, sino que es un arquetipo del alma humana. Así como Yeshúa llevaba en su nombre una misión de rescate, nuestras almas también llevan una programación divina. Estamos diseñados para cumplir un propósito, y este propósito está inscrito en lo más profundo de nuestro ser, como un código que espera ser activado.

Este diseño nos enseña que cada alma, al igual que Yeshúa, tiene un papel único en el universo.

Este papel no siempre es evidente desde el principio, pero a medida que avanzamos en nuestro viaje espiritual, se nos revela de manera gradual. Así como el nombre de Yeshúa implicaba rescate y restauración, el nombre inscrito en nuestras almas contiene un propósito que, al activarse, nos guía hacia la plenitud y la armonía. Descubrir y alinearnos con ese propósito es el mayor desafío y, al mismo tiempo, el mayor regalo que podemos recibir en nuestro camino espiritual.

Pictografía del nombre Yeshúa

El hebreo es un idioma que encierra secretos en la forma de sus letras como hemos visto. Cada letra hebrea tiene un significado visual que revela aspectos profundos de la realidad espiritual. El nombre Yeshúa está compuesto por cuatro letras, y cada una de ellas tiene un significado simbólico que nos ayuda a entender la misión de Yeshúa desde una perspectiva más elevada.

1. Yud: La primera letra del nombre es la más pequeña del alfabeto hebreo, pero su poder es inmenso. La Yud representa la mano humana, y en la mística hebrea se asocia con la acción divina manifestada en la creación. En la pictografía antigua, la Yud era representada como una mano, simbolizando la capacidad de ejecutar y crear. Esto se refleja en la misión de Yeshúa, cuyas acciones fueron una extensión de la mano de Dios. Jesús mencionó en Lucas 11:20: "Si expulso demonios por el dedo de Dios, ciertamente el reino de Dios ha llegado a ustedes". Aquí, la Yud representa ese dedo divino que actúa en el mundo

2. Shin: La segunda letra es Shin, que en la pictografía antigua se asemejaba a una fila de dientes. Esta letra se asocia con la acción de triturar o moler, y simboliza la capacidad de procesar y transformar. En el contexto del nombre de Yeshúa, la Shin representa el poder de triturar el ego, de transformar nuestra naturaleza humana hacia algo más elevado. La Shin no destruye el ego por completo, sino que lo canaliza, lo digiere, para que se convierta en una fuerza que nos impulse hacia la luz.

Shin

3. Vav: La tercera letra, Vav, tiene la forma de un gancho o clavo. Simboliza la conexión entre el cielo y la tierra, el enlace entre lo divino y lo humano. En el nombre de Yeshúa, la Vav representa su papel como puente entre el mundo espiritual y el mundo físico. Esta letra nos recuerda que nuestra vida está siempre conectada con algo más grande, y que nuestra misión es unir lo material con lo divino a través de nuestras acciones.

Jesús M. Torres Jr.

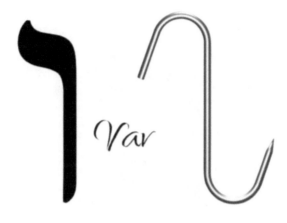

Vav

4. Ayin: La cuarta letra es Ayin, que significa "ojo" y se asocia con la percepción y la visión. En el nombre de Yeshúa, la Ayin simboliza la supervisión divina, el hecho de que su misión siempre estuvo bajo la guía y la mirada atenta de Hashem. Además, la Ayin nos invita a abrir nuestros propios ojos espirituales, a ver más allá de lo que está delante de nosotros y a percibir la verdad oculta en el mundo que nos rodea.

El programa espiritual oculto en su nombre

Cuando juntas estas cuatro letras,
se revela un programa espiritual
profundo: Triturar el ego a través
de la conexión y la supervisión
divina.

Metafísicamente hablando, Yeshúa no solo vino a rescatar a la humanidad de sus pecados, sino a ayudar a triturar el ego y transformarlo en un vehículo para la conexión con lo divino. Su misión no se limitó a su tiempo en la Tierra, sino que continúa hoy como un estado de conciencia al que todos podemos acceder. Este es el poder que reside en su nombre.

Jesús M. Torres Jr.

Cada vez que pronunciamos el nombre de Yeshúa, activamos este proceso en nosotros mismos. Nos conectamos con esa energía transformadora que nos ayuda a canalizar nuestras sombras y a unir lo celestial con lo terrenal en nuestras vidas cotidianas. Este estado de conciencia está siempre disponible, esperando ser activado en el momento en que estemos listos para abrazar el propósito de nuestras almas.

Yeshúa como estado de conciencia

Más que un nombre o una figura histórica, Yeshúa es un estado de conciencia que rescata nuestras almas de sus desequilibrios. A lo largo de este libro hemos hablado del 'cerebro Mashiaj', y es precisamente este estado de conciencia el que nos permite equilibrar nuestras energías internas y cumplir con nuestro destino espiritual. Yeshúa representa ese equilibrio perfecto entre la luz y la sombra, entre el ego y la humildad, entre el mundo material y lo divino.

Al reconocer a Yeshúa como un estado de conciencia, entendemos que su misión no fue algo del pasado, sino algo que está presente en cada uno de nosotros. La conciencia de Mashiaj, o conciencia de Yeshúa, es la capacidad de restaurar nuestras propias almas, de elevarnos por encima de nuestras limitaciones y conectarnos con nuestro propósito más elevado. Esta es la clave para activar el poder que reside en nuestro interior y manifestar la luz de nuestras almas en el mundo.

El Tikún de las almas hebreas

El concepto de Tikún surge de las profundidades de la espiritualidad hebrea como un proceso continuo de corrección y restauración que afecta tanto al alma individual como al equilibrio cósmico. Esta idea nos invita a ver la vida como una oportunidad de reparar las rupturas que ocurrieron tanto en nosotros como en el mundo que nos rodea. Más allá de su simple definición de 'corrección', Tikún representa una transformación completa, una restauración de la integridad y la plenitud que conecta al individuo con el propósito divino.

Desde las enseñanzas místicas hebreas, este proceso de restauración se asocia con la noción de que el universo sufrió fracturas al inicio, lo que se conoce como Shevirat HaKelim—la rotura de los recipientes. Estas fracturas dispersaron la luz divina, y el propósito del Tikún es recoger esas chispas perdidas y devolverlas a su origen. Aquí es donde el alma humana entra en juego, ya que cada individuo tiene una misión personal para sanar su fragmentación interna y, al hacerlo, contribuir a la restauración global, también conocida como Tikún Olam.

En este marco espiritual, Jesús el hebreo es una manifestación del Tikún en su forma más elevada. Su vida, enseñanzas y acciones encarnan el llamado a la corrección y la restauración de la humanidad. Más allá de los eventos históricos y teológicos, Jesús nos enseña que el verdadero Tikún es el mecanismo espiritual que cada uno de nosotros puede experimentar. Su mensaje de amor, perdón y transformación interna está disponible hoy.

La resurrección desde un enfoque metafísico

La resurrección de Jesús vista desde un enfoque metafísico, es un símbolo poderoso de este proceso de Tikún. No se trata simplemente del retorno a la vida física, sino de un renacimiento espiritual, una restauración del alma a su estado de unidad con el Creador.

En la vida de cada individuo, este concepto traduce en la posibilidad de un despertar interno, donde la fragmentación causada por el ego, el dolor y la desconexión se cura a través del proceso de Tikún.

Esta corrección no se limita al alma. Hay una dimensión aún más profunda que nos conecta con el propio tejido de la creación: los átomos que constituyen nuestro cuerpo. La ciencia moderna nos ha revelado que los átomos que componen nuestro ser físico no desaparecen cuando el cuerpo muere. Al contrario, los átomos persisten, siguen vivos, y su energía continúa en el ciclo eterno de la vida.

Los antiguos sabios hebreos comprendían este misterio de forma espiritual. Incluso después de que el alma deja el cuerpo, la vida sigue presente en los componentes fundamentales de la materia. Los átomos, como portadores de la chispa divina, siguen participando en el proceso de Tikún incluso después de la muerte física. Esta continuidad refleja la naturaleza eterna de la creación, donde la vida no termina, sino que se transforma y se recicla en nuevas formas de existencia.

Sin embargo, es importante aclarar que el Tikún no se refiere solo a corregir lo malo o los errores cometidos, sino que abarca el todo. Tikún es un examen de vida completo, que incluye una revisión de nuestra vida, nuestros errores y también aquellos logros y éxitos que fueron parte de nuestra misión. El Tikún implica una evaluación de nuestra existencia en todas sus dimensiones, buscando alinear cada aspecto de nuestra vida con el propósito divino que el Creador nos entregó.

Para Yeshúa, su Tikún no fue solo rectificar errores ancestrales, sino cumplir con una misión más elevada. La resurrección de Yeshúa como manifestación de este Tikún continuo es un recordatorio de que la vida nunca se limita a lo físico. La muerte, vista como la culminación de una misión espiritual, revela que el verdadero Tikún es el proceso por el cual nuestra alma trasciende lo físico, encontrando su propósito eterno.

Este proceso no es exclusivo de Yeshúa, sino un arquetipo para todos nosotros. Mientras tanto, muchas veces vivimos como almas vivas dentro de cuerpos muertos, atrapados por el ego, desconectados de nuestro propósito. La mística hebrea nos enseña que, para alcanzar la verdadera vida, debemos atravesar un proceso de muerte al ego y resurrección del alma. Esto no implica esperar a la muerte física, sino una transformación que puede y debe ocurrir en vida. La muerte del ego es lo que nos permite regresar a la Casa del Padre, al origen espiritual donde se encuentran las almas en comunión con el Eterno.

Para la mística hebrea, Yeshúa es el arquetipo del alma hebrea, un modelo de cómo vivir el Tikún de manera plena. Nos muestra que el Tikún no es simplemente corregir los errores, sino alinear todo nuestro ser con nuestro propósito divino. La resurrección de Yeshúa es un ejemplo de cómo, al morir al ego, el alma puede alcanzar su plena expresión y regresar al útero espiritual de donde proviene, reconectando con el Padre.

Así, Yeshúa modeló cómo podemos vivir en la tierra de los vivientes, no como cuerpos muertos movidos por el ego, sino como almas plenas, conscientes y conectadas con la divinidad.

La Hilulá celebra la eternidad del alma hebrea

Esta comprensión de la perpetuidad de la vida se conecta de manera poderosa con el concepto de la Hilulá en la tradición hebrea. La Hilulá marca el aniversario de la

Jesús M. Torres Jr.

muerte de un tzadik (justo), pero no es una ocasión de tristeza, sino de celebración. En la Hilulá, se celebra el momento en que el alma de un tzadik ha completado su Tikún y ha trascendido a un plano superior de existencia. El término Hilulá proviene del hebreo "הילולא", que también significa "matrimonio", simbolizando la unificación del alma con su origen divino.

Cuando aplicamos este concepto a Jesús el hebreo, podemos reinterpretar su resurrección como una Hilulá cósmica. No solo se trata de un retorno físico a la vida, sino de la culminación de su Tikún y su ascenso a una dimensión espiritual superior. Al igual que en la Hilulá de los tzadikim, Jesús el hebreo continúa irradiando su influencia espiritual en el mundo, invitando a sus seguidores a conectarse con esa energía divina que sigue viva.

La Hilulá no es una despedida,
sino una transición a una forma
más elevada de existencia, donde
el alma sigue presente y activa en
el plano espiritual.

Los átomos de nuestros cuerpos, que no se destruyen con la muerte, llevan consigo una memoria de lo que fueron y siguen participando en el ciclo de la vida. Así como los átomos persisten, también lo hace la influencia espiritual del alma. En el caso de Jesús el hebreo, su legado no se limita a las páginas de la historia. Su influencia continúa viva, como la energía de los átomos que siguen transformándose y moviéndose a través del tiempo y el espacio. Este principio resuena con el concepto de Tikún: la corrección y la restauración no son eventos únicos, sino procesos continuos que nos llaman a participar en la obra de restauración cósmica.

Así como los átomos no desaparecen, tampoco lo hace el proceso de Tikún.

La vida es un flujo continuo de energía y conciencia que trasciende el tiempo y el espacio. Aunque nuestros cuerpos físicos eventualmente se desvanecen, nuestras almas y la energía que portamos siguen participando en el gran ciclo de la creación. Jesús el hebreo nos dejó un ejemplo de este proceso eterno. Su vida, muerte y resurrección son una representación del Tikún en su forma más pura: la restauración de la luz dentro de cada uno de nosotros.

El Tikún nos invita a reconocer que, incluso después de la muerte, la vida continúa. Los átomos siguen vivos, la energía del alma persiste, y el ciclo de corrección sigue su curso. La Hilulá es un recordatorio de que la muerte no es el final, sino una transición hacia una existencia más elevada. Al participar en nuestro propio Tikún, también nos conectamos con la rueda del Creador, recordando que cada acto de corrección y restauración, por pequeño que sea, contribuye a la gran obra de la creación.

En última instancia, la resurrección de Jesús no es solo un evento de transformación física, sino un llamado a cada uno de nosotros para continuar nuestro propio viaje de Tikún, reconociendo que la vida y la creación son eternas, y que nuestra misión es seguir recogiendo las chispas divinas, iluminando el mundo y transformándonos a nosotros mismos en el proceso.

El Tikún es el camino de la resurrección del alma, y la resurrección no es solo un destino futuro, sino una realidad presente para quienes siguen este camino. Yeshúa, el hebreo, nos mostró cómo hacerlo, no a través de una vida física inmortal, sino a través de la inmortalidad del alma, que puede ser alcanzada cuando corregimos y alineamos nuestra vida entera con el propósito divino.

Meditación con el nombre de Yeshúa

Para cerrar este capítulo y libro, te invito a una meditación especial sobre el nombre de Yeshúa, no solo como una persona histórica, sino como un estado de conciencia que puedes despertar dentro de ti. A través de esta meditación, podrás activar en ti la conciencia del Mashiaj y alinear tu ser con tu verdadero propósito espiritual.

1. Inhala profundamente y visualiza la letra Yud, la mano divina que actúa a través de ti. Siente cómo la energía divina fluye desde lo alto, permitiéndote ejecutar tu propósito con claridad y poder. Esta letra representa la mano de Dios manifestándose en tus acciones.

2. Siente la Shin, que tritura el ego y transforma tu oscuridad en luz. Deja que esta letra te ayude a procesar y canalizar cualquier energía negativa, convirtiéndola en una fuerza que te impulsa hacia tu mayor bien. La Shin te recuerda que incluso tus desafíos y sombras pueden ser transformados en herramientas de crecimiento.

3. Visualiza la Vav, conectando tu ser con lo divino, uniendo el cielo y la tierra. Imagina este gancho interconectando tu vida física con la energía celestial. Cada vez que actúas desde la conciencia, estás tejiendo un puente entre lo humano y lo divino.

4. Cierra con la Ayin, sabiendo que estás bajo la supervisión amorosa de Hashem. Esta letra te invita a confiar en que, aunque no siempre puedas ver el plan completo, estás siendo guiado por una fuerza más grande que tú. Los ojos de Hashem siempre están sobre ti, cuidándote y guiándote hacia tu destino.

Jesús M. Torres Jr.

Al meditar en el nombre de Yeshúa, estarás activando tu propio diseño divino, alineándote con tu identidad, tu misión y tu destino. Este es el secreto de su nombre, y también el secreto del tuyo. Cada alma tiene inscrito un propósito único y divino, y al sintonizarnos con la conciencia de Mashiaj, podemos descubrir y cumplir ese propósito en su totalidad.

EL JESÚS QUE NUNCA ME PRESENTARON

יֵשׁוּעַ

CONCLUSIÓN

Este libro ha sido un viaje a través de las capas más profundas de la espiritualidad, un retorno a las raíces hebreas de una verdad que había sido olvidada por generaciones. Cada uno de los siete capítulos ha formado la letra Zain, la espada de la Torá, una espada que no solo corta la oscuridad de la ignorancia, sino que también enciende la conciencia del cerebro del Mashiaj en nosotros. Al activar esta espada, entramos en un estado de despertar que conecta nuestras almas con el propósito mayor de la creación.

El Jesús que no me presentaron no es una figura estática en los textos, ni un símbolo de devoción lejana.

Es Yeshúa, el maestro interno que habita en lo más profundo de tu alma hebrea.

Desde el principio, su misión ha sido despertar a la humanidad, no desde afuera, sino desde adentro. Su verdadera enseñanza no es un conjunto de reglas, sino una experiencia viva que ocurre dentro de cada alma que se atreve a recordar quién es.

Honro mi historia que me trajo hasta aquí, porque sin ese recorrido, no habría llegado a la verdad que hoy comparto contigo. Cada experiencia, cada desafío, cada búsqueda fue parte del proceso de preparación para el despertar del alma. Y ese despertar no es solo para mí, sino para todos aquellos que están dispuestos a mirar dentro de su alma hebrea y descubrir a Yeshúa viviendo en su interior.

Este viaje nos ha revelado que Yeshúa no es simplemente una figura histórica, sino la energía viva del Mashiaj, la conciencia divina que está dentro de nosotros, esperando ser activada. Al reconocer esto, entendemos que no estamos solos. Somos parte de una familia de almas, conectadas por la misma esencia divina. Yeshúa vive en cada uno de nosotros, no como algo externo que debamos alcanzar, sino como una chispa que solo necesita ser encendida.

Este fue el Jesús que no me presentaron. Y ahora, te lo presento: Yeshúa, dentro de ti. Es la chispa de la divinidad que siempre ha estado ahí, esperando que te despiertes a su realidad. No es el Jesús que muchos me enseñaron, sino el Yeshúa que camina contigo, en cada paso, en cada respiración, en cada acto de amor y compasión.

Así, al finalizar este libro, no puedo más que agradecer: gracias, Yeshúa, por despertarme a esta verdad. Gracias por mostrarme que el verdadero propósito es encender la conciencia del Mashiaj en nosotros, para que podamos ser la luz del mundo, tal como lo enseñaste. Gracias por estar dentro de mi alma hebrea.

A lo largo de este viaje, he compartido reflexiones y descubrimientos que han transformado mi forma de ver la espiritualidad, la vida, y nuestro lugar en ella. No se trata de negar lo que aprendí en el pasado, sino de integrar cada etapa como parte de un proceso continuo de evolución. Cada experiencia, cada enseñanza, me ha permitido llegar hasta este momento, donde el conocimiento se amplía y se enriquece con una nueva profundidad. Todo lo que aprendí en el pasado fue un pilar esencial para construir la comprensión que tengo hoy.

Este libro no solo recopila lo aprendido, sino que abre un camino hacia lo que he llamado la Metafísica del alma hebrea. Es una exploración de los códigos y símbolos que nos conectan con algo más allá de lo físico, una línea de investigación que nos invita a descubrir los secretos de la Torá y cómo estos pueden iluminar el alma humana, proporcionando claves para nuestra experiencia en este mundo. Te invito a que juntos exploremos estos misterios y creemos un vínculo a través de mi escuela virtual, donde podremos profundizar y caminar este sendero de crecimiento y despertar.

A través de esta investigación, he llegado a redefinir muchos conceptos. Todo en la vida física evoluciona, y los conceptos no son la excepción. Lo que en algún momento sirvió como un ancla para mi comprensión, ahora ha sido expandido por una nueva luz. Al principio conocí al Jesús de mis ancestros, una figura sagrada que formó la base de mi fe. Más tarde, me encontré con el Jesús de la historia, una visión más académica que me llevó a reflexionar desde la razón. Y luego, en este camino de crecimiento, descubrí al Jesús Hebreo, que me conectó con una espiritualidad más profunda, una que integra la fe con el entendimiento y me reconcilia con los misterios de la Torá.

Hoy veo la Torá como un manual para el alma humana, una guía para la vida en todas sus dimensiones. Estudiarla es como el trabajo de un cirujano, que corta con precisión para revelar lo que está oculto, o como el de un forense que busca en lo profundo los detalles que explican nuestra existencia. Este estudio no es simplemente un ejercicio intelectual, sino una herramienta para despertar el alma de su amnesia espiritual, permitiendo que recupere su verdadera naturaleza y propósito.

El judaísmo, con su riqueza simbólica, ha preservado estas enseñanzas, y dentro de estas tradiciones encontramos las claves para comprender el viaje del alma. Pero este conocimiento no es exclusivo de una cultura; la espiritualidad hebrea toca el corazón de todas las almas viajeras, invitándonos a conectar con lo eterno que habita en nosotros. Las festividades judías, por ejemplo, no solo son eventos físicos marcados en el calendario, sino que representan procesos espirituales que, desde una perspectiva metafísica, están ocurriendo simultáneamente en nuestras vidas. Cada festividad es una oportunidad para que nuestras almas se actualicen y evolucionen en esta experiencia humana.

Lo que he aprendido es que nada es casualidad, todo responde a un propósito mayor. La interpretación de los símbolos y las experiencias se transforma a medida que crecemos, y lo que antes parecía limitado ahora revela nuevas capas de significado.

Por ejemplo, el Shabbat, que tradicionalmente es visto como un día de descanso, lo entiendo ahora como una dimensión de recarga espiritual que trasciende el tiempo físico. Es una oportunidad para reconectarnos con la eternidad, para revitalizar nuestra energía y alinearnos con lo divino.

El Shabbat es solo un ejemplo de cómo cada símbolo o enseñanza puede adquirir una nueva dimensión cuando lo abordamos con una mente abierta y un corazón dispuesto a despertar a nuevas realidades. Para mí, esta ha sido la clave de este proceso de transformación: no rechazar lo aprendido en el pasado, sino permitir que esas enseñanzas crezcan y evolucionen dentro de mí, guiándome hacia una comprensión más amplia de lo que significa ser humano y, al mismo tiempo, estar conectado con lo divino.

Este libro, más que un final, es un nuevo comienzo, una invitación a seguir explorando, a seguir preguntando, a seguir profundizando en los secretos que la vida y la Torá tienen para ofrecernos. No estoy aquí para dictar verdades, sino para invitarte a que juntos caminemos este sendero, a que construyamos un espacio donde podamos seguir descubriendo y compartiendo lo que la espiritualidad hebrea nos revela.

A lo largo de este proceso, no he hecho más que compartir la forma en que ahora veo la realidad, mis propias "gafas" que me han permitido contemplar a un Jesús muy distinto al que conocí, uno que vive en cada uno de nosotros y nos invita a despertar. Y así, todo en la vida evoluciona, incluidas nuestras percepciones, nuestras creencias y nuestra espiritualidad. Este es el Jesús que nunca me presentaron, y ahora te lo presento, no como un dogma, sino como una presencia viva dentro de ti, esperando que la descubras y la abraces.

- Jesús M. Torres Jr.

Jesús M. Torres Jr.

Déjame saber tu experiencia escribiéndome a la siguiente dirección electrónica:

Drjesustorresjrbooks@gmail.com

Facebook: Jesús Torres Jr.

Instagram: jesustorresjr2020

Made in the USA
Columbia, SC
22 December 2024

50364170R00111